유몽영(幽夢影)

張 潮 지음
朴良淑 해역

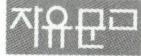

『유몽영(幽夢影)』이란 어떤 책인가?

　오랜 역사와 문화의 전통을 이어온 중국 대륙은 송(宋)나라의 문화전성기를 맞은 이후 사(詞) 부(賦) 시(詩) 이외의 문학인 수필 잡기의 문학이 별도의 발전을 보여 왔다.
　그것은 어떤 주장을 편 것도 있고, 한때의 느낌을 진솔하게 적은 것도 있으며, 보고 들은 것을 기록한 것을 비롯하여 막연히 느끼는 감상이라도 좋고, 열심히 연구한 소견일수도 있고 또는 자료수집의 메모 조각일수도 있다.
　또한 솔직한 사상을 써놓은 것도 있고 한가롭고 즐거운 만필(漫筆)일 수도 있다.
　다시 말해 이런 모든 것을 잡다하게 통틀어 수필 잡기라 할 수 있다. 이런 붓가는대로 쓴 잡다한 수필 잡기는 중국문화의 남다른 특징과 중국인의 세계관을 말해 준다.
　중국의 수필 잡기문학은 중국 정통문학과 비교하여 조금도 손색이 없는 독자적인 가치와 의의를 지니고 있으며 도도히 흐르는 중국문학사에서 커다란 하나의 조류를 이루고 있다.
　『유몽영(幽夢影)』은 바로 이런 중국의 수필 잡기문학사에서 중요한 획을 긋는 장조(張潮)의 에피그램집이다.
　장조(張潮)는 청대(淸代) 초기에 태어난 무명의 소품작가였다.

장조가 세상에 알려진 것은 중국의 세계적인 수필가 임어당(林語堂)이 『유몽영』을 처음으로 찾아내어 책으로 내고 영어로 번역해서 내놓은 것에서부터이다.

그때까지는 장조라는 이름조차 모르고 있었다.

임어당에 의해 소품대가로 알려지자 그에 대한 모습이 차차 드러나기 시작했다.

장조는 중국의 소품집 전문 총서라고 할 수 있는 『단궤총서(檀几叢書)』와 『소대총서(昭代叢書)』의 편자다. 그뿐 아니라 중국 소설선 『우초신지(虞初新志)』의 편자이기도 하다.

나중에 안 일이지만 장조는 중국 수필 소품문학사에 있어서 그냥 넘겨버릴 인물이 절대 아니라는 것이 확실해졌다.

장조는 자(字)를 산래(山來), 호(號)를 심재(心齋) 또는 삼재도인(三在道人)이라 했다. 출생 연월일은 확실한 기록이 없으나 몇군데의 단편적 기록에 의하면 청(淸)나라 세조(世祖) 순치(順治) 7년(서기 1650년)임에 틀림없다. 세상을 떠난 해도 확실치 않으나 강희(康熙) 42년(서기 1703년)경으로 54세까지 살아 있었던 것으로 판명된다. 따라서 그는 나라 안이 안정되고 태평성대를 누렸던 강희제(康熙帝)시대에 살았던 인물이다.

장조는 과거도 보지 않고 초야에 묻혀 오직 소품쓰기에 전생을 바친 재야문인이다. 그는 많은 저서를 남겼는데 수상문집, 시집, 그리고 남의 글을 수집 편찬한 작품 등 30여 가지나 된다.

임어당(林語堂)은 이 『유몽영』을 편애할 정도로 좋아하여 그의 유명한 저서 『생활의 발견』에 다음과 같이 썼다.

"자연은 인생 전체 속으로 들어온다. 자연은 때로는 소리일 수도 있고 색깔이기도 하며 모양이기도 하고 감정이기도 하다. 또 분위기일수도 있다.

　영민한 생활 예술가인 인간은 자연의 적당한 감정을 골라 그것을 자신의 기분으로 조화시키는 일로부터 시작한다. 이것은 중국 대부분의 시인 문인의 태도인데 그중에서도 가장 뛰어난 표현은 장조의 저서 『유몽영』 속의 에피그램에서 찾아볼 수 있다. 이 저서는 문학적 격언을 모아놓은 책으로 이런 유(類)의 격언집은 중국에 많이 있으나 장조에 비견되는 것은 결코 없다."

이것만 보아도 알 수 있듯이 『유몽영』은 전혀 이름없는 저서가 아니라 알 사람은 이미 알고 있었던 저서였다.
　중국사람들은 대체로 사물을 체계적, 이론적, 형이상학적으로 사고하느니보다 직관적, 정서적, 현실적으로 파악하는데 길들여져 있다.
　사상도 심오한 논리로 설명하기보다 직접적으로 가슴에 호소하는 잠언, 격언으로 된 짧은 낱말을 사용하여 설명하기를 좋아하는 것 같다.
　이런 방법은 서양에서도 에피그램이라고 하여 여러 종류가 있으나 중국에 있어서도 일정한 규범이 없이 격언(格言), 철언(哲言), 잠언(箴言), 경언(警言), 청언(淸言), 어록(語錄), 운언(韻言)이라고 여러 가지 명칭으로 불려왔다.
　『유몽영』은 이렇게 문학적 경구, 잠언 등을 생각나는 대로 써놓은 수필 소품집이다. 때로는 이 소품들이 시어로 이루어지기도 하고 또 격언, 잠언 등으로도 표현되어 짤막하지만 그 속에 담겨 있는 사상이나 감정은 무한한 의미를 담고 있어 옷깃을 여미고 재음미하게 만든다.

왕탁(王晫)이 쓴 제사(題辭)에도 나와 있듯이 장조의 얼굴은 현인(賢人), 철인(哲人), 달인(達人), 기인(奇人), 고인(高人), 운인(韻人) 등등 여러 가지, 형형색색의 얼굴을 가지고 있다. 이런 여러 얼굴들이 꽃, 미인, 독서, 책, 담화, 우정, 산수, 봄 여름 가을 겨울, 소리, 비(雨), 풍월(風月) 그리고 일반 생활 등등 많은 경우에 대해 촌평을 내린 어휘들은 참으로 신선의 목소리같은 시적 언어구사가 허다하다.

특히 『유몽영』은 심미관이나 표현법에 있어 시대적 영향을 많이 받고 있으며 그것이 바로 『유몽영』을 '아련한 꿈속의 그림자'처럼 해주고 있다.

이런 의미에서 본다면 한 마디, 한 구절이 장조(張潮)가 창안해낸 명구라 할지라도 『유몽영』은 그 시대가 만들어낸 소품이며 다른 시대에서는 나타나지 않을 작품이라고 할 수 있다.

어디를 읽어보든 첫째 특징이라고 할 수 있는 것이 문학적 에피그램의 대표라고 할 만큼 도학적(道學的)이며 선(禪)적인 냄새가 뭉클 난다.

『유몽영』을 서양식으로 간략하게 표현하자면 아포리즘(APHORISM)집이고 에피그램(EPIGRAM)집이다.

그 내용이 복잡하여 아포리즘이라고 불리기에 적당한 것이 있는가 하면 어떤 것은 에피그램에 맞는 것이 있다. 그래서 두 가지 형태로 표현할 수밖에 없다.

동양식으로 넓게 보아 수필 소품 잡문집인가 하면 시집이라고도 할 수 있다.

한 마디로 장조를 표현하고 그의 저서 『유몽영』을 말하라 하면 장조는 모랄리스트라고 할 수 있으며, 『유몽영』은 모랄리스트 문학이라고 할 수 있다.

유몽영(幽夢影)이란 어떤 책인가? 7

　모랄리스트는 인간성과 인간의 진솔하게 살아가는 법, 존재가치를 탐구하여 이것을 주제로 수필로, 단상(斷想)으로 써내는 사람이라고 할 수 있다.
　장조는 이런 모랄리스트에 속하는 인물이지만 『유몽영』은 도덕윤리를 강조하는 도학자적인 진부한 격언이나 어록과는 달리 차원높은 은유와 선(禪)적이며 관조적인 태도로 사물을 직시, 그 속을 드러내 보이려 했다. 이런 면에서 프랑스적인 인생탐구서라고도 볼 수 있다.
　요사이 현대 과학문명의 발달은 인간의 꿈과 사랑을 물리적 형태로 환원시켜 놓고 있다.
　이런 시기에 신선놀음 같지만 음율적이고 은유적인 『유몽영』은 새로운 꿈과 그리고 정신세계의 차원높은 사색의 장을 마련해 줄 것이 틀림없으리라 기대된다.

차 례

『유몽영(幽夢影)』이란 어떤 책인가? … / 3

제I부 삶과 사랑과 행복 / 19

1. 책에 따라 읽기에 알맞은 계절은 … / 21
2. 『사기』와 『자치통감』은 벗과 함께 읽어야 … / 22
3. 착한 것도 없고 악한 것도 없는 사람 … / 23
4. 단 한 사람이라도 자신을 알아준다면 … / 24
5. 꽃을 위하면 바람과 비가 근심스럽고 … / 29
6. 꽃에는 나비가 없을 수 없다 … / 30
7. 봄이면 새소리를 듣고 … / 31
8. 정월 대보름에는 호방한 벗과 술 마시고 … / 33
9. 만물 가운데 신선은 금어(金魚)와 자연(紫燕) … / 34
10. 이 세상에 와서는 동방만천에게 배워야 … / 35
11. 꽃을 감상할 때에는 미인이 있어야 … / 36
12. 박학다식한 벗은 희귀한 책과 같다 … / 36
13. 해서(楷書)는 문인(文人)과 같다 … / 37
14. 사람은 시심(詩心)이 있기를 원한다 … / 38

15. 노숙한 이는 소년의 마음을 가지려 한다 … / 39
16. 봄은 하늘이 본래 품은 생각이다 … / 39
17. 만약 꽃과 달과 미인이 없다면 … / 40
18. 만약 벌레가 된다면 나비가 되고 싶다 … / 41
19. 옛날이나 지금이나 사람은 반드시 짝이 있다 … / 42
20. 새벽에 일어나는 자는 밤이 여유롭다 … / 43
21. 나비가 꿈에 장주(莊周)가 된 것은 불행 … / 45
22. 꽃을 심는 것은 나비를 맞이하려는 것 … / 46
23. 말로는 지극히 운치있는데 실상은 비루한 것은 … / 47
24. 재주는 정해지지만 지혜는 닦을 수 있다 … / 48
25. 초생달은 쉽게 잠기는 것이 한스럽다 … / 48
26. 밭을 갈지는 못하지만 물 주는 것은 배운다 … / 49
27. 열 가지 한스러운 것 … / 50
28. 각별한 한 번의 정경 … / 52
29. 산빛과 물소리와 달빛 … / 52
30. 상상 속에서는 무엇이라도 할 수 있다 … / 53
31. 결함이 있다고 이르지는 않는다 … / 54
32. 꽃을 사랑하는 마음으로 미인을 사랑하면 … / 55
33. 미인이 꽃보다 뛰어난 것은 … / 56
34. 창 안에 있는 사람이 창문 종이 위에 … / 57
35. 소년의 독서는 틈새로 달을 보는 것이다 … / 58
36. 한겨울의 비는 내릴 필요가 없다 … / 59
37. 근심스럽게 사는 것은 즐겁게 죽는 것만 못하다 … / 60
38. 천하에서 최고의 부자는 귀신이다 … / 61
39. 나비는 재주 있는 사람의 화신 … / 62

차 례 11

40. 꽃으로 말미암아 미인을 생각한다 … / 62
41. 여울물소리를 들으면 제강에 있는 것 같다 … / 63
42. 한 해의 모든 절후 중 상원(上元)이 제일이다 … / 64
43. 비가 하는 일이란 낮을 짧게 하고 … / 65
44. 옛 것이 지금까지 전해지지 않는 것이란 … / 65
45. 시를 잘 짓는 도사(道士)가 있다면 … / 66
46. 새 가운데 두견새는 되지 말라 … / 66
47. 당나귀만은 홀로 그렇지 못하다 … / 67
48. 여자가 가장 아름다운 때 … / 67
49. 즐거운 경치를 찾는 것은 … / 68
50. 부하고 귀하면서 몸이 고달프고 파리한 것은 … / 69
51. 눈은 스스로 보지 못한다 … / 70
52. 모든 소리는 멀리서 듣는 것이 마땅한데 … / 71
53. 눈이 글자를 아는 것에 능하지 못하면 … / 71
54. 인간의 즐거움을 다한 것 … / 72
55. 성씨(姓氏)는 다 각각 운치가 있다 … / 72
56. 꽃이 눈에 보기좋고 코에도 향기로운 것은 … / 74
57. 산림에서 고상한 이야기를 하는 자는 … / 75
58. 구름은 천하의 모든 사물을 그린다 … / 76
59. 완전한 복(福) … / 77
60. 모든 골동품의 종류란 … / 78
61. 꽃을 기르는 데 쓰이는 담병(膽瓶)은 … / 79
62. 봄비는 은정을 내리는 조서와 같고 … / 79
63. 완전한 인간이란 … / 80
64. 무인(武人)은 구차하게 싸우지 아니하고 … / 81

65. 문인이 군사(軍事)를 강론하는 것은 … / 82
66. 두방(斗方)은 세 종류를 살피는 데 그친다 … / 82
67. 참된 사랑이란 미치는 데 이르러야 … / 83
68. 꽃빛이 아름다운 것은 … / 84
69. 한 권의 새로운 책을 짓는 것은 … / 84
70. 이름난 스승을 맞아 자제(子弟)를 가르치고 … / 85
71. 획을 쌓아서 글자를 이루고 … / 86
72. 구름에 해가 비치면 노을이 이루어지고 … / 88
73. 호랑이를 그리려다 개를 그린다 … / 89
74. 계율(戒律)로 말미암아 정(定)하는 것을 얻고 … / 90
75. 남쪽과 북쪽과 동쪽과 서쪽은 … / 91
76. 이씨(二氏)는 가히 폐하지 못한다 … / 91
77. 비록 글〔書〕은 잘 하지 못하지만 … / 95
78. 세속의 테 밖에서는 … / 96

제2부 달과 꽃과 미인 / 97

1. 매화나무 곁의 돌은 옛스러운 것이 마땅하고 … / 99
2. 세상에 처하여서는 봄의 기운을 찬다 … / 99
3. 세금 독촉하는 사람의 뜻을 거슬리기 싫으면 … / 100
4. 소나무 아래에서 거문고소리를 듣고 … / 101
5. 달빛 아래서 미인을 마주하면 … / 101
6. 땅 위에 산과 물이 있는 것은 … / 102
7. 일일(一日)의 계획은 파초를 심는 것 … / 103

차 례 13

8. 봄비는 책을 읽는데 알맞고 ⋯ / 104
9. 시와 글의 체제는 가을의 기운을 얻어야 ⋯ / 105
10. 완전하고 신묘한 것을 구하지 않을 수 없는 것 ⋯ / 105
11. 사람이 알지 못하는 것이 있다 ⋯ / 107
12. 사관(史官)이 기록하는 것이란 ⋯ / 108
13. 선천(先天)의 팔괘(八卦)는 ⋯ / 109
14. 책을 보기는 어렵지 않지만 읽기는 어렵다 ⋯ / 109
15. 자기를 알아주는 아내 구하기는 어렵다 ⋯ / 110
16. 어떤 이를 선인(善人)이라고 이르는가? ⋯ / 111
17. 무엇을 복(福)이라고 이르는가 ⋯ / 112
18. 천하의 즐거움이란 ⋯ / 113
19. 문장은 책상 위의 산과 물이다 ⋯ / 114
20. 평성 상성 거성 입성은 ⋯ / 114
21. 『수호전』은 전부 화내는 글이다 ⋯ / 118
22. 글을 읽는 것은 최고의 즐거움 ⋯ / 119
23. 발표하지 못한 견해를 발표한 것은 ⋯ / 120
24. 선비는 반드시 밀우(密友)가 있고 ⋯ / 120
25. 풍류(風流)는 스스로 즐기는 것 ⋯ / 122
26. 모든 일은 잊어버리지만 ⋯ / 123
27. 마름이나 연은 먹기도 하고 옷으로도 입는다 ⋯ / 123
28. 귀에 좋은 것이 눈에도 좋다 ⋯ / 124
29. 분은 얼굴에 바른 뒤에 보아야 ⋯ / 125
30. 나는 알지 못하네. 나의 생전(生前)을 ⋯ / 125
31. 융경(隆慶) 만력(萬曆)의 시절에 ⋯ / 127
32. 문장이란 자구(字句)로 수놓는 것 ⋯ / 128

33. 법첩(法帖)의 글자를 모아 시를 만들다 … / 129
34. 꽃이 떨어지는 것은 보지 않는다 … / 132
35. 꽃을 심는 것은 그 피어나는 것을 보려는 것 … / 132
36. 혜시(惠施)는 그 저서가 다섯 수레였으나 … / 133
37. 송화(松花)로 양식을 삼고 … / 134
38. 달을 구경하고 즐기는 법은 … / 135
39. 금방 웃고 금방 우는 순박한 어린아이는 … / 136
40. 가히 탐하지 않을 수 없는 것 … / 137
41. 여색을 좋아해도 삶을 상하게 해서는 안된다 … / 138
42. 청한(淸閒)은 오래 사는 데 적당하다 … / 139
43. 그 시를 외우고 그 글을 읽는 것은 … / 139
44. 유익한 것이 없는 은덕은 … / 140
45. 첩(妾)이 아름답더라도 … / 141
46. 새로운 암자를 짓는 것 … / 141
47. 글자나 그림은 한 근본에서 나왔다 … / 142
48. 바쁜 사람의 뜰 안의 정자는 … / 143
49. 술은 가히 차(茶)로도 적당하지만 … / 143
50. 가슴 속의 조그마한 불평은 … / 145
51. 부득이(不得已)하여 아첨하는 자는 … / 145
52. 다정한 자는 반드시 여자를 좋아하는데 … / 146
53. 매화는 사람을 고상하게 하고 … / 147
54. 사물이 능히 사람을 감동시키는 것은 … / 148
55. 아내와 자식이 여럿이기를 바란다면 … / 149
56. 섭렵하는 것이 비록 쓸데없다고 이르지만 … / 150
57. 완벽한 미인(美人)이란 … / 150

58. 사람이 무슨 물건이 되는 것인가 … / 151
59. 숨어 사는 즐거움을 알지 못하는 사람 … / 152
60. 매화와 해당화는 부부가 되지 못한다 … / 153
61. 오색(五色)은 너무 지나친 것이 있고 … / 155
62. 허씨의 설문(說文)의 부(部)를 나눈 것이 … / 156
63. 『수호지』를 읽다 보면 … / 157
64. 봄바람은 술과 같고 … / 158
65. 얼음이 금 간 무늬는 지극히 우아하다 … / 158
66. 새 중에서 소리가 가장 아름다운 새는 … / 159
67. 생산(生産)을 하지 아니하면 … / 160
68. 부인(婦人)이 글자를 아는 것은 … / 160
69. 독서를 잘 하는 사람은 … / 161
70. 정원 안에 있는 정자에서의 묘미란 … / 162

제3부 나비와 바람과 물과 … / 165

1. 고요한 밤에 홀로 앉아서 … / 167
2. 관청의 소리는 여론에서 채취한다 … / 167
3. 가슴에 언덕이나 깊은 계곡을 감추면 … / 168
4. 오동나무는 식물 가운데 청품(淸品)이요 … / 169
5. 죽고 사는 것으로 마음을 바꾸지 않는다 … / 170
6. 거미는 나비의 적국(敵國)이요 … / 171
7. 품(品:法)을 세우는 것은 … / 172
8. 새와 짐승도 인륜을 안다고 이르는데 … / 172

9. 호걸들은 성인이나 현인들을 가벼이 여기고 ⋯ / 174
10. 하나는 벼슬하고 하나는 숨는다 ⋯ / 175
11. 지극한 문장은 피눈물에서 이루어진 것 ⋯ / 176
12. 정(情)이라는 한 글자가 ⋯ / 176
13. 공자는 동쪽의 노나라에서 태어났다 ⋯ / 177
14. 푸른 산이 있으면 푸른 물이 있다 ⋯ / 178
15. 엄군평(嚴君平)은 점을 쳐 학문을 강의하고 ⋯ / 178
16. 사람은 여자가 남자보다 아름답고 ⋯ / 179
17. 거울이 운수가 나쁘면 모모(嫫母)를 만나고 ⋯ / 180
18. 천하에 글이 없으면 그만두지만 ⋯ / 181
19. 가을 벌레와 봄의 새는 ⋯ / 182
20. 추한 얼굴도 거울과 원수가 되지는 않는다 ⋯ / 183
21. 우리 집의 공예(公藝)라는 사람은 ⋯ / 184
22. 9세 동거(同居)는 성대한 일이다 ⋯ / 185
23. 제목이 평범한 것은 논리를 깊이 한다 ⋯ / 186
24. 죽순은 나물 가운데 가장 좋은 나물 ⋯ / 187
25. 한 송이의 좋은 꽃을 산다면 ⋯ / 188
26. 수중(手中)의 편면(便面)을 보고 ⋯ / 189
27. 불결한 것이 변해 지극히 깨끗한 것이 되다 ⋯ / 190
28. 얼굴이 추하더라도 가히 볼 수 있는 자가 있고 ⋯ / 190
29. 산수(山水)를 여행하면서 익히는 것은 ⋯ / 191
30. 가난하되 아첨하지 아니하고 ⋯ / 192
31. 10년은 글을 읽고 10년은 유람하고 ⋯ / 193
32. 군자(君子)가 비웃는 사람은 되지 말라 ⋯ / 194
33. 거만한 풍채는 가히 없지 않으나 ⋯ / 195

34. 매미는 벌레 가운데 백이와 숙제 … / 195
35. 어리석고 우직하고 옹졸하고 미친 것은 … / 196
36. 당우(唐虞)시대에는 새와 짐승도 음악을 감상 … / 197
37. 아픈 것은 참지만 가려운 것은 참지 못하고 … / 197
38. 거울 속의 그림자는 … / 198
39. 사람을 놀래킬 묘한 구절을 얻고 … / 199
40. 만약에 시(詩)와 술이 없다면 … / 200
41. 진평(陳平)을 곡역후(曲逆侯)에 봉하다 … / 201
42. 옛날 사람은 사성(四聲)을 완전히 갖추었다 … / 202
43. 더욱 아름답지 않을 수 없는 것 … / 203
44. 어떻게 하면 나홀로 즐길 수 있을까 … / 204
45. 가르침을 기다리지 않고도 선을 하고 … / 205
46. 모든 물건은 다 모양으로 쓰인다 … / 206
47. 재주 있는 사람이 재주 있는 사람을 만나면 … / 207
48. 하나의 무차대회(無遮大會)를 세워 … / 208
49. 성인(聖人)이나 현인(賢人)은 … / 208
50. 하늘은 지극하여 만드는 것이 어렵지 않다 … / 209
51. 승관도(陞官圖)를 던져서 … / 210
52. 동물 가운데 3가지 가르침이 있다 … / 211
53. 해와 달이 수미산 허리에 있다고 했는데 … / 212
54. 소동파(蘇東坡)가 도연명(陶淵明)의 시를 … / 214
55. 나는 일찍이 짝지어진 시구를 얻었다 … / 215
56. 거울이나 물의 그림자는 받는 것이요 … / 217
57. 물의 소리는 4가지가 있다 … / 218
58. 천하게 여기고 박대하면서도 숭상하다 … / 219

59. 세상 사람들이 바쁜 것에 한가한 사람은 … / 220
60. 먼저 경서(經書)를 읽고 … / 220
61. 분재의 경치로써 공원으로 삼다 … / 221
62. 벗 가운데 으뜸인 사람은 … / 221
63. 학은 새 가운데 백이(伯夷)이고 … / 223
64. 죄가 없는데 헛되게 악명을 받은 것은 … / 224
65. 썩은 것이 변하여 신기(神奇)한 것이 되는 것 … / 224
66. 고약한 냄새는 향기를 덮는다 … / 225
67. 치(恥)의 한 글자는 … / 226
68. 거울은 능히 스스로 비추지 못하고 … / 227
69. 시(詩)는 반드시 궁한 뒤에 … / 227

제사(題辭) / 230

제1부
삶과 사랑과 행복

경치에는
말로는 지극히 그윽하다고 하고
실상은 쓸쓸한 것이 있는데
그것은 이슬비이다.
경우(처지)에는
말로는 지극히 고상하다고 하고
실상은 감당하기 어려운 것이 있는데
그것은 가난하고 병들은 것이다.
소리에는
말로는 지극히 운치스럽다고 하고
실상은 거칠고 비루한 것이 있는데
그것은 꽃을 파는 소리다.

1. 책에 따라 읽기에 알맞은 계절은

경서(經書)를 읽는 데는 겨울이 알맞은데
그것은 정신을 한 곳에 집중할 수 있기 때문이다.
역사서를 읽는 데는 여름이 알맞은데
그것은 여름엔 낮의 길이가 길기 때문이다.
제자백가서(諸子百家書)를 읽는 데는 가을이 알맞은데
그것은 가을이 각각의 다른 정취가 있기 때문이다.
여러 사람들의 문집(文集)을 읽는 데는 봄이 알맞은데
그것은 봄철은 여러 가지 사물들이 움트기 때문이다.

▨ 『대학』 『중용』 『논어』 『맹자』 『시경』 『서경』 『주역』 『예기』 『춘추』는 겨울철에 방안에 앉아서 조용하게 정신을 집중시켜 읽으면 그 깊은 뜻을 이해하고 음미하기에 알맞은 것이요, 역사서는 여름철 긴 낮의 길이를 이용해 읽으면 끊임없이 이어지는 역사 사건들의 맥을 끊김없이 읽어내려 갈 수 있는 것이요, 『노자』 『장자』 『한비자』 『묵자』 그밖의 여러 사상가들의 사상서는 정취가 깃들고 변화가 많은 가을의 계절에 읽으면 각각의 사상들을 색다르게 받아들일 수 있는 것이요, 이름난 문사들이나 당대 현인들의 문집들은 새싹이 움트며 모든 사물이 기지개를 켜는 봄에 읽으면 여러 가지 새로운 싹이 트는 것을 느낄 수 있는 것이다.

讀經[1] 宜冬 其神專也
讀史[2] 宜夏 其時久也

讀諸子³⁾宜秋 其致別⁴⁾也
讀諸集⁵⁾宜春 其機暢⁶⁾也

1) 經(경) : 유가(儒家)의 경전. 곧 사서삼경(四書三經).
2) 史(사) : 역사서(歷史書).
3) 諸子(제자) : 제자백가(諸子百家)의 서(書). 곧 유학(儒學)의 경전을 제외한 그밖의 여러 사상가들의 서적.
4) 其致別(기치별) : 그 가을의 각별한 정취.
5) 諸集(제집) : 여러 사람 각각의 개인적인 문집(文集).
6) 機暢(기창) : 기는 자연의 틀, 창은 새로운 싹이 움트는 것. 자연의 현상으로 모든 사물이 번창하는 것.

2. 『사기』와 『자치통감』은 벗과 함께 읽어야

성인(聖人)이나 현인(賢人)들의 서적은
홀로 앉아 읽어야 하고
『사기(史記)』나 『자치통감(資治通鑑)』은
벗과 더불어 함께 읽어야 한다.

▨ 앞서간 성인(聖人)이나 지나간 현인(賢人)들의 저술이나 그의 설명서들은 조용한 방 안에 홀로 앉아서 정독해야 그 뜻을 이해할 수 있고 사마천(司馬遷)의 『사기』나 사마광(司馬光)의 『자치통감(資治通鑑)』같은 것은 벗과 더불어 함께 읽어야 제맛이 난다는 것이다.

經傳¹⁾宜獨坐讀
史鑑²⁾宜與友共讀

1) 經傳(경전) : 성인(聖人)이나 현인(賢人)들의 저술. 곧 철학적인 서적.
2) 史鑑(사감) : 사마천의 『사기』와 사마광의 『자치통감』 등의 역사서.

3. 착한 것도 없고 악한 것도 없는 사람

착한 것도 없고 악한 것도 없는 것은 성인(聖人)이요,
착한 것은 많고 악한 것이 적은 것은 현인(賢人)이요,
착한 것이 적고 악한 것이 많은 것은 용인(庸人)이요,
악한 것만 있고 착한 것이 없는 것은 소인(小人)이요,
착한 것만 있고 악한 것이 없는 것은
선인(仙人)이나 부처(佛)이다.

▨ 착한 마음도 없고 악한 마음도 없이 태어날 때의 순진무구한 본심(本心)을 가지고 있는 사람은 성인(聖人)이라 하고, 착한 마음은 많고 악한 마음이 적은 사람은 현자(賢者)라고 하며, 착한 마음이 적고 악한 마음이 많은 보통 사람을 용인(庸人)이라고 하며, 악한 마음만 있고 착한 마음이 없는 사람을 소인(小人)이라고 하며, 착한 마음만 있고 악한 것이 없는 사람을 신선(神仙)이나 부처라고 하는 것이다.

無善無惡 是聖人
善多惡少 是賢者
善少惡多 是庸人
有惡無善 是小人
有善無惡 是仙佛

4. 단 한 사람이라도 자신을 알아준다면

천하(天下)에서 단 한 사람이라도
자신을 알아주는 이가 있다면 가히 회한이 없는 것이다.
사람만이 홀로 그러한 것은 아니다.
만물도 또한 그와 같은 것이 있다.
함께 하는 것들이라면,
국화꽃은 도연명(陶淵明)으로써 자신을 알아주는 벗으로 삼았고, 매화꽃은 화정(和靖:林逋)으로써 자신을 알아주는 벗으로 삼았으며, 대나무는 자유(子猷)로써 자신을 알아주는 벗으로 삼았고, 연꽃은 염계(濂溪)로써 자신을 알아주는 벗으로 삼았다.

복숭아나무는 진(秦)나라 사람을 피해 온 사람으로써 자신을 알아주는 벗으로 삼았고, 살구나무는 동봉(董奉)으로써 자신을 알아주는 벗으로 삼았으며, 돌(石)은 미전(米顚)으로써 자신을 알아주는 벗으로 삼았고, 여지(荔枝)는 태진(太眞)으로써 자신을 알아주는 벗으로 삼았다.

차(茶)는 노동(盧仝)과 육우(陸羽)로써 자신을 알아주는 벗으로 삼았고, 향초(香草)는 영균(靈均)으로써 자신을 알아주는 벗으로 삼았으며, 순채국과 농어회는 계응(季鷹)으로써 자신을 알아주는 벗으로 삼았고, 파초는 회소(懷素)로써 자신을 알아주는 벗으로 삼았으며, 외는 소평(邵平)으로써 자신을 알아주는 벗으로 삼았다.

닭은 처종(處宗)으로써 자신을 알아주는 벗으로 삼았고, 거위는 우군(右軍)으로써 자신을 알아주는 벗으로 삼았으며, 북은 예형(禰衡)으로써 자신을 알아주는 벗으로 삼았고, 비파는 명비(明妃)로써 자신을 알아주는 벗으로 삼았다.

이것들은 한번 맺어지면 천년이 지나도 바뀌지 않는다.

소나무가 진시황(秦始皇)을 위한 것이나 학이 위의(衛懿)를 위한 것은 바르게 말한다면 가히 더불어 인연을 맺지 못했다고 할 것이다.

▨ 온 세상에서 자신을 알아주는 벗이 단 한 사람만이라도 존재한다면 인생에 있어 후회가 없는 사람이다. 사람만이 홀로 자신을 알아주는 벗과 함께 하는 것은 아니다. 만물도 또한 이와 같은 것이다. 그 실례를 든다면 국화는 진(晋)나라 도연명(陶淵明)이 사랑하여 알려지게 된 것으로 국화에게는 도연명이 자신을 알아주는 벗이다. 매화는 북송(北宋)의 시인인 화정 선생의 사랑을 받았으니 화정 선생이 자신을 알아주는 벗이다. 대나무는 진(晋)나라 자유(子猷) 선생의 사랑을 받았으니 자유 선생이 자신을 알아주는 벗이다. 연(蓮)은 북송(北宋)의 염계 선생의 사랑을 받았으니 염계 선생이 자신을 알아주는 벗이다. 복숭아나무는 진시황의 난을 피해 들어온 사람의 사랑을 받았으니 난을 피한 사람이 자신을 알아주는 벗이다. 살구나무는 삼국(三國)시대 오(吳)나라의 동봉(董奉)이 병을 다스리는 데 약값으로 취함으로써 사랑을 받게 되었으니 동봉이 자신을 알아주는 벗이다. 돌(石)은 북송(北宋)의 화가 미전(米顚)의 사랑을 받았으니 미전이 자신을 알아주는 벗이다. 여지(荔枝 : 염교)는 당(唐)나라의 태진(太眞 : 양귀비)을 만나 사랑받았으니 태진이 자신을 알아주는 벗이다. 차(茶)는 당(唐)나라의 시인인 노동(盧仝)과 육우(陸羽)의 사랑을 받았으니 노동과 육우가 자신을 알아주는 벗이다. 향초(香

草 : 蘭)는 전국시대(戰國時代) 초(楚)나라 영균(靈均:屈原)의 사랑을 받았으니 영균이 자신을 알아주는 벗이다. 순채국과 농어회는 진(晋)나라의 계응(季鷹:張翰)의 사랑을 받았으니 계응이 자신을 알아주는 벗이다. 파초는 당(唐)나라의 서예가인 회소(懷素)의 사랑을 받았으니 회소가 자신을 알아주는 벗이다. 외는 진(秦)나라의 동릉후(東陵侯) 소평(邵平)의 사랑을 받았으니 소평이 자신을 알아주는 벗이다. 닭은 진(晋)나라의 송처종(宋處宗)의 사랑을 받았으니 송처종이 자신을 알아주는 벗이다. 거위는 진(晋)나라의 왕우군(王右軍:羲之)의 사랑을 받았으니 왕우군이 자신을 알아주는 벗이다. 북은 후한말(後漢末)의 예형(禰衡)의 사랑을 받았으니 예형이 자신을 알아주는 벗이다. 비파는 전한(前漢) 때 원제(元帝)의 궁녀인 명비(明妃:王昭君)의 사랑을 받았으니 명비가 자신을 알아주는 벗이다. 이와 같은 것들은 한번 맺어져 수천년이 되어도 다시 변하지 않는 것들이다. 그러나 소나무에 있어서의 진시황(秦始皇)과의 인연이나 학(鶴)에 있어서 위(衞)나라 의공(懿公)의 사랑같은 것은 정상적인 관계에서 인연이 맺어졌다고 말할 만한 것이 아니다.

天下有一人知己[1] 可以不恨 不獨人也 物亦有之
如菊以淵明[2]爲知己 梅以和靖[3]爲知己 竹以子猷[4]爲知己 蓮以濂溪[5]爲知己 桃以避秦人[6]爲知己 杏以董奉[7]爲知己 石以米顚[8]爲知己 荔枝以太眞[9]爲知己 茶以盧仝陸羽[10]爲知己 香草以靈均[11]爲知己 蓴鱸以季鷹[12]爲知己 蕉以懷素[13]爲知己 瓜以邵平[14]爲知己 鷄以處宗[15]爲知己 鵝以右軍[16]爲知己 鼓以禰衡[17]爲知己 琵琶以明妃[18]爲知己 一與之訂 千秋不移
若松之于秦始[19] 鶴之于衞懿[20] 正所謂不可與作緣者也
1) 知己(지기) : 서로 마음을 잘 알아 뜻이 통하다. 또는 참된 벗. 서로를

알다. 선비는 자신을 알아주는 사람에게 몸을 바친다(士爲知己者死).

2) 淵明(연명) : 이름은 잠(潛). 동진(東晋)의 자연시인(自然詩人)이며 심양 사람. 자는 연명. 동진의 명장 도간(陶侃)의 증손. 팽택령(彭澤令)이 되어 80일만에 오두미(五斗米)에 허리를 굽힐 수 없다고 벼슬을 사양하고 '귀거래사'를 읊고 귀향하여 전원생활을 즐기며 국화를 지극히 사랑하였다고 한다.

3) 梅以和靖(매이화정) : 매화는 화정으로써. 화정은 북송(北宋)의 시인 임포(林逋)를 말하며 시호는 화정이다. 항주서호(杭州西湖)의 고산(孤山)에서 은둔하여 살았으며 아내가 없이 살았다. 그는 매화를 아내로 삼고 학을 자식으로 여기며 그윽하고 고요한 가운데 한가한 생활을 즐겼다. 매처학자(梅妻鶴子)라는 고사가 있다.

4) 子猷(자유) : 진(晋)나라 왕휘지(王徽之)의 자(字). 대나무를 사랑하였다.

5) 濂溪(염계) : 북송(北宋)의 대학자 주돈이(周敦頤)의 호. 연을 지극히 사랑하여 '애련설(愛蓮說)'이란 글이 있다.

6) 避秦人(피진인) : 진시황(秦始皇)의 학정을 피하여 숨어 살았던 사람. 도연명의 '도화원기(桃花源記)'에 도원경(桃源境)의 주민들은 진나라 때에 난을 피해 들어가 한 촌락을 이루었는데 그곳이 무릉(武陵)의 도원(桃源)이라고 했다.

7) 董奉(동봉) : 중국의 삼국시대(三國時代)에 오(吳)나라의 동봉이라는 사람은 병을 치료할 때 살구나무를 약값으로 대신 받았다. 그는 중병환자를 치료하면 약값으로 다섯 그루의 살구나무를, 가벼운 환자를 치료하면 한 그루의 살구나무를 심으라고 했는데 이것이 수년이 지나자 '행림(杏林)'을 이루었다고 하는 고사가 『신선전(神仙傳)』에서 유래한다.

8) 米顚(미전) : 북송(北宋)의 양양(襄陽)사람. 자는 원장(元章). 호는 해악외사(海嶽外史), 또는 녹문거사(鹿門居士)이며 미양양(米襄陽)이라고 하고 미전(米顚)이라고도 한다. 서화(書畵)의 대가. 금석(金石)과 고기

(古器)를 애완하였고 특히 기석(奇石)을 좋아했으며 『원장이 돌에 절하다(元章拜石)』는 말까지 있었다.

9) 荔枝以太眞(여지이태진) : 여지는 태진으로써 하다. 여지는 무환자(無患子)나무과에 속하는 상록교목으로 우상복엽(羽狀複葉)이고 열매는 둥글고 돌기가 있으며 물이 많고 달아 식용한다. 태진은 당(唐)나라 양귀비의 호. 당나라의 현종(玄宗)이 양귀비가 여지를 좋아하는 것을 알고 먼 남해에서 일찍부터 여지를 실어 나르게 했다는 이야기가 있다.

10) 盧仝陸羽(노동육우) : 노동과 육우는 중당(中唐)시대의 숨어 살던 시인들. 두 사람이 다 차를 지극히 좋아하였다. 노동은 『사맹간의혜다가(謝孟諫議惠茶歌)』를 지었고 육우는 『다경(茶經)』을 지었으며 다도(茶道)의 기초를 정하였다.

11) 香草以靈均(향초이영균) : 향초는 영균으로써 하다. 향초는 난(蘭). 영균은 전국시대 초(楚)나라의 굴원(屈原)의 자. 난과 같은 향초를 지극히 좋아하였다. 『이소경』에도 향초에 대하여 말하고 있다.

12) 蓴鱸以季鷹(순노이계응) : 순채와 농어는 계응으로써 하다. 순채는 수련과에 속하는 다년생 수초. 줄기와 어린 잎을 식용한다. 노(鱸)는 농어. 농어과에 속하는 바다 물고기. 계응은 진(晋)나라 장한(張翰)의 자. 장한이 자신의 고향의 명산물인 순채국과 농어회를 먹으려고 관직을 사퇴하고 고향으로 돌아갔다는 일화가 있다. 그래서 고향을 잊지 못하고 생각하는 정을 순갱노회(蓴羹鱸膾)라고 한다.

13) 懷素(회소) : 당(唐)나라의 서예가. 회소가 집이 가난하여 종이를 살 수 없어 집의 뜰에 파초 수만 그루를 심고 종이 대신 파초 잎에 글씨를 썼다고 한다.

14) 邵平(소평) : 진(秦)나라의 동릉후 소평(東陵侯 邵平). 진나라가 멸망한 뒤에는 외를 장안성(長安成)에서 재배하였는데 그 외가 대단히 맛이 좋아 사람들마다 동릉의 외라고 칭찬하였다.

15) 處宗(처종) : 진(晉)나라의 송처종(宋處宗). 이름이 종(宗)이다. 처종은 한쪽 날개로 길게 울음소리를 내는 닭을 사랑하여 길렀다.
16) 右軍(우군) : 진(晉)나라의 서예가 왕희지(王羲之). 거위를 지극히 사랑하였다. 왕희지는 거위가 탐이 나서 『노자도덕경』을 필사해 주고 거위와 바꾸었다는 일화가 있다.
17) 禰衡(예형) : 후한말(後漢末)의 예형. 조조(曹操)로부터 북을 치라는 조그마한 역할이 자신에게 내려지자 예형이 북으로써 조조를 망신시켰다는 일화가 있다.
18) 琵琶以明妃(비파이명비) : 비파는 현악기의 하나. 몸체가 둥글고 긴 타원형이며 자루가 곧고 사현(四絃) 사주(四柱)로 되어 있다. 명비는 전한(前漢) 원제(元帝)의 궁녀 왕소군(王昭君)의 별칭. 비파를 지극히 사랑하고 자신의 한을 비파로 달랬다.
19) 松之于秦始(송지우진시) : 진시는 진(秦)나라 시황제(始皇帝). 시황제가 태산(泰山)의 신령에게 제사를 지내고 하산하는데 비바람을 만나 소나무 그늘 밑에서 비를 피하고 돌아와 그 소나무를 오대부(五大夫)에 봉했던 일.
20) 衛懿(위의) : 위(衛)나라의 의공(懿公). 학(鶴)을 좋아하여 음악을 즐기고 사치하였다.

5. 꽃을 위하면 바람과 비가 근심스럽고

달을 위하면 구름이 근심스럽고
책을 위하면 좀이 근심스럽고
꽃을 위하면 바람과 비가 근심스럽고
재자(才子)와 가인(佳人)을 위하면

명(命)이 박한 것이 근심스러운데
이러한 것이 참으로 진실한 보살(菩薩)의 마음이리.

▨ 밝고 영롱한 달을 감상하려니 혹 구름이 달을 가리지 않을까 근심스러우며 책을 오래 간직하고픈데 혹 좀이 슬어 망가지지 않을까 근심스러우며 화사한 꽃을 구경하려는데 비바람에 꽃이 떨어지지 않을까 근심스러우며 재주있고 아름다운 여인과 함께 하고 싶은데 그 사람의 운명이 길지 못해 함께 하지 못하게 될 것을 근심하는 것은 진실한 보살의 심정인 것이다. 사심이 없이 그의 사실만을 걱정한다는 것이다.

爲月憂雲 爲書憂蠹 爲花憂風雨 爲才子佳人憂命薄 眞是菩薩[1]心腸

1) 菩薩(보살) : 대자대비(大慈大悲)한 마음을 가진 부처 다음가는 지위에 있는 성인(聖人).

6. 꽃에는 나비가 없을 수 없다

꽃에는 나비가 없을 수 없고
산에는 샘이 없을 수 없고
돌에는 이끼가 없을 수 없고
물에는 조류(수초 : 水草)가 없을 수 없고
높은 나무에는 등라(藤蘿 : 등나무덩굴)가 없을 수 없고
사람에게는 버릇이 없을 수 없다.

▨ 꽃에는 나비가 있어야 운치가 있고, 산에는 꼭 샘이 있어야 제격이고, 돌에는 이끼가 있어야 고풍스런 운치가 있고, 물에는 항상 수초가 있게 마련이고, 높고 커다란 나무에는 등나무덩굴이 있어야 제격에 어울리며, 사람은 각자가 지닌 버릇이 있게 마련이다.

花不可以無蝶
山不可以無泉
石不可以無苔[1]
水不可以無藻[2]
喬木不可以無藤蘿[3]
人不可以無癖[4]

1) 苔(태) : 이끼. 은화식물(隱花植物)에 속하는 선류(蘚類) 태류(苔類) 지의류(地衣類)의 총칭.
2) 藻(조) : 은화식물(隱花植物)인 수초(水草)의 총칭을 조류(藻類)라고 한다.
3) 藤蘿(등라) : 콩과에 속하는 낙엽만목(落葉蔓木)으로 높은 나무의 몸 전체를 감으면서 타고 올라가는 담쟁이덩굴과 같은 종류. 등나무.
4) 癖(벽) : 버릇. 습관. 자신만이 가지고 있는 괴벽.

7. 봄이면 새소리를 듣고

봄이면 새소리를 듣고
여름이면 매미소리를 듣고
가을이면 벌레소리를 듣고
겨울이면 눈 내리는 소리를 듣고
대낮이면 바둑 두는 소리를 듣고

달밤이면 퉁소소리를 듣고
산속에서는 소나무를 스치는 바람소리를 듣고
물가에서는 배의 노젓는 소리를 듣는다면
이 세상에 살면서 자신의 귀를 헛되이 아니한 것이리.
불량한 젊은이가 험악한 욕을 지껄이고 손가락질 하며
사나운 아내가 못된 소리로 악쓰는 것을 듣는 것은
참으로 자신이 귀먹은 것만 같지 못하리라.

▨ 화사한 봄날에 새들의 노래를 듣고 무더운 여름날 시원한 그늘에서 매미소리를 들으며 오곡이 읽는 가을에 풀벌레소리를 듣고 추운 겨울날 따뜻한 방안에서 눈 내리는 소리를 들으며 대낮에는 바둑 두는 바둑알 소리를 듣고 달밤에는 퉁소소리를 들으며 산 속에서는 소나무 가지를 스치는 솔바람소리를 듣고 물가에서는 배의 노젓는 소리를 듣는다면 바야흐로 이 세상에 살면서 자신의 귀를 헛되게 보낸 것은 아니다. 무지한 사람들이 손가락질 하고 욕을 지껄이며 사나운 악처가 폭언을 하는 일 같은 것은 자신이 귀머거리가 된 것만 같지 못하다.(지은이의 괴로움을 나타낸 것 같다.)

春聽鳥聲 夏聽蟬聲 秋聽蟲聲 冬聽雪聲 白晝聽棋聲 月下聽簫聲 山中聽松風聲 水際聽欸乃[1]聲 方不虛生此耳
若惡少斥辱[2] 悍妻詬誶[3] 眞不若耳聾[4]也

1) 欸乃(관내) : 관은 노(櫓)와 뜻이 같다. 관내는 노젓는 소리. 관(欸)은 관(款)과 같은 자.
2) 惡少斥辱(악소척욕) : 무지막지한 악소배들이 손가락질 하고 욕지거리하며 사람을 못살게 구는 것
3) 悍妻詬誶(한처후수) : 사납고 무식한 아내가 폭언을 일삼는 것.

4) 耳聾(이롱) : 귀머거리.

8. 정월 대보름에는 호방한 벗과 술 마시고

정월 대보름에는
모름지기 호우(豪友 : 호협)와 술을 마시고
단오(端午)날에는
모름지기 여우(麗友 : 아름다운 벗)와 술을 마시고
칠석(七夕)날에는
모름지기 운우(韻友 : 시를 짓는 벗)와 술을 마시고
중추(中秋)날에는
모름지기 담우(淡友 : 담박한 벗)와 술을 마시고
중구(重九)날에는
모름지기 일우(逸友 : 편안한 벗)와 술을 마신다.

▨ 정월 대보름날에는 호탕한 벗과 술잔을 나누고, 5월 단오날에는 아름다운 벗과 술잔을 나누고, 7월 칠석날에는 시를 지을 줄 아는 벗과 술잔을 나누고, 8월 추석날에는 소탈한 벗과 술잔을 나누고, 9월 9일(九日)날에는 편안한 벗과 술잔을 나눈다.

上元[1]須酌豪友
端午[2]須酌麗友
七夕[3]須酌韻友
中秋[4]須酌淡友
重九[5]須酌逸友

1) 上元(상원) : 음력 1월 15일 대보름날. 이날 밤을 원석(元夕) 원야(元夜) 원소(元宵)로 나누고 이날만은 밤새 등불을 끄지 않는 날이다.
2) 端午(단오) : 음력 5월 5일. 단오날.
3) 七夕(칠석) : 음력 7월 7일. 견우 직녀가 서로 만난다는 날.
4) 中秋(중추) : 음력 8월 15일. 지금의 우리나라 추석절.
5) 重九(중구) : 음력 9월 9일. 9는 양(陽)의 수로 9가 2개이므로 중구(重九)라 하며 또 중양절(重陽節)이라고도 한다.

9. 만물 가운데 신선은 금어(金魚)와 자연(紫燕)

비늘 있는 동물 중에서 금어(金魚)나
날개 달린 동물 중에서 자연(紫燕)은
가히 물류(物類) 가운데 신선(神仙)이라고 이른다.
정히 동방만천(東方曼倩)같은 이가
금마문(金馬門)에서 세상을 피한 일은
사람이 얻지 못하면 해로울 뿐이다.

▨ 비늘이 있는 물고기 중에서 금어(金魚)나 날개가 달린 조류(鳥類) 가운데서 자연(紫燕)은 모든 동물들 속의 신선(神仙)이라고 할 수 있다. 한(漢)나라 때 동방만천(東方曼倩 : 동방삭)같은 이가 세상을 금마문시중(金馬門侍中)에서 피하였는데 사람들은 이것을 얻지 못하면 해가 되는 것이다.

鱗蟲[1]中金魚[2] 羽蟲中紫燕[3] 可云物類[4]神仙 正如東方曼倩[5]
避世金馬門[6] 人不得而害之

1) 鱗蟲(인충) : 비늘 달린 물고기 종류의 총칭. 어류, 파충류 등.
2) 金魚(금어) : 금으로 된 물고기. 어떤 것인지 확실치 않다.
3) 紫燕(자연) : 준마(俊馬)의 일종이며 비마(飛馬)의 일종.
4) 物類(물류) : 모든 사물.
5) 東方曼倩(동방만천) : 동방은 성, 만천은 동방삭(東方朔)의 자. 전한(前漢) 때 사람. 무제(武帝)를 섬겨 금마문시중(金馬門侍中)이 되었으며 해학과 문장과 말재주에 뛰어났었다.
6) 金馬門(금마문) : 한(漢)나라의 벼슬 이름.

10. 이 세상에 와서는 동방만천에게 배워야

세상에 들어와서는
모름지기 동방만천(東方曼倩)에게 배워야 하고
세상 밖으로 나가서는
모름지기 불인료원(佛印了元)에게 배워야 한다.

▨ 인간이 사는 세상에서는 동방삭(東方朔)에게 처신하는 것을 배워야 하고, 인간이 사는 세상 밖으로 나가 숨어 살 때에는 불인료원(佛印了元)에게서 가르침을 받아야 한다.

入世 須學東方曼倩
出世 須學佛印了元[1]

1) 佛印了元(불인료원) : 북송(北宋)의 소동파(蘇東坡 : 軾)의 친구인 풍류시인이며 승려.

11. 꽃을 감상할 때에는 미인이 있어야

꽃을 즐기는 것은 마땅히 가인(佳人)을 마주하는 것이요,
달에 취하는 것은 마땅히 운인(韻人)을 마주하는 것이요,
백설에 반사되는 것은 마땅히 고인(高人)을 마주하는 것이다.

▨ 아름다운 꽃을 감상하는 것은 아름다운 미인을 마주 대하는 것과 같고 은은히 빛나는 달에 취하는 것은 시서화가(詩書畵歌)를 즐기는 선비를 마주하는 것과 같고 백설(白雪)에 반사되는 빛을 바라보는 것은 고상한 선비를 마주 대하는 것과 같다.

賞花宜對佳人
醉月宜對韻人[1)]
映雪宜對高人[2)]

1) 韻人(운인) : 시서화가(詩書畵歌)를 잘 하는 선비.
2) 高人(고인) : 학식과 식견이 많은 고상한 선비.

12. 박학다식한 벗은 희귀한 책과 같다

연박(淵博 : 박학)한 벗을 대하는 것은
이서(異書)를 읽는 것과 같고,
풍아(風雅 : 正詩)한 벗을 대하는 것은
명인(名人)의 시문을 읽는 것과 같고,
근칙(謹飭 : 신중함)한 벗을 대하는 것은

성현의 경전을 읽는 것과 같고,
골계(滑稽 : 해학)한 벗을 대하는 것은
전기(傳奇) 소설을 열람하는 것과 같다.

▨ 박학다식(博學多識)한 벗을 마주하는 것은 희귀(稀貴)한 서적을 읽는 것과 같고, 시경의 국풍(國風)과 아(雅)와 같은 벗을 마주하는 것은 이름있는 사람의 시문(詩文)을 읽는 것과 같고, 삼가하고 조심하는 벗을 마주하는 것은 성현의 경전을 탐독하는 것과 같고, 해학과 유머가 있는 벗을 마주하는 것은 전기(傳奇)소설을 열람하는 것과 같다.

對淵博[1]友 如讀異書[2]
對風雅[3]友 如讀名人詩文
對謹飭[4]友 如讀聖賢經傳
對滑稽[5]友 如閱傳奇小說[6]

1) 淵博(연박) : 박학다식(博學多識)하다.
2) 異書(이서) : 희귀서(稀貴書). 진서(珍書).
3) 風雅(풍아) : 『시경』의 국풍(國風)과 대아 소아(大雅小雅)의 시(詩).
4) 謹飭(근칙) : 삼가하고 조심하다.
5) 滑稽(골계) : 재치가 있고 말이 유창하다. 해학이 있고 짓궂다.
6) 傳奇小說(전기소설) : 당(唐)나라 때부터 시작한 문어체(文語體) 단편소설.

13. 해서(楷書)는 문인(文人)과 같다

해서(楷書)는 문덕(文德)이 있는 사람과 같은 것이요,
초서(草書)는 명장(名將)과 같은 것이요,

행서(行書)는 해서와 초서 사이에 끼며
양숙자(羊叔子)가 완대(緩帶)와 경구(輕裘)를 입고
싸우는 것 같아 바로 써야만 좋은 것이다.

▨ 바르게 쓴 글씨〔해서〕는 문덕(文德)이 있는 사람처럼 바르고, 흘려 쓴 글씨〔초서〕는 이름난 장수처럼 긴장되어야 하고 반쯤 흘려 쓴 글씨〔행서〕는 바르게 쓴 글씨와 흘려 쓴 글씨의 중간 형태이다. 이것은 진(晋)나라의 양숙자(羊叔子)가 혁대를 늘어뜨리고 가벼운 가죽옷을 입고 전쟁에 임한 태도처럼 자유자재로 행서(行書)를 써야 적절한 방법이다.

楷書[1]須如文人
草書[2]須如名將
行書[3]介乎二者之間 如羊叔子[4] 緩帶輕裘 正是佳處[5]

1) 楷書(해서) : 서체(書體)의 하나. 후한(後漢)의 왕차중(王次仲)이 예서(隸書)를 변화시킨 것.
2) 草書(초서) : 행서(行書)를 더 풀어 자획을 간략하게 흘려 쓰는 글씨.
3) 行書(행서) : 해서와 초서의 중간되는 글씨체.
4) 羊叔子(양숙자) : 진(晋)나라 양호(羊祜)의 자(字). 전쟁에 나갈 때 혁대를 느긋하게 하고 가벼운 가죽옷을 걸치고 갑옷을 입지 않았다고 했다.
5) 佳處(가처) : 아름다운 곳. 좋은 곳.

14. 사람은 시심(詩心)이 있기를 원한다

사람들은 모름지기 시(詩)로 들어가기를 원하고,

사물들은 모름지기 그림에 들어가기를 원한다.

▨ 뭇사람들은 자신이 시심(詩心)이 있기를 희망하는 것이요, 뭇사물들은 그들이 그림 속에서 놀기를 희망하는 것이다.

人須求可入詩
物須求可入畫

15. 노숙한 이는 소년의 마음을 가지려 한다

소년들은 오직 노숙한 식견을 가지려 하고,
노숙한 이들은 오직 소년의 마음을 가지려 한다.

▨ 젊은이들은 지식이 충만한 사람의 식견을 가질 것을 원하고, 원숙한 노인들은 소년의 마음을 간직하기를 바란다.

少年人 須有老成之識見
老成[1]人 須有少年之襟懷[2]

1) 老成(노성) : 학식이 뛰어나고 견문이 넓은 사람. 덕을 닦아 완성된 사람.
2) 襟懷(금회) : 소년의 마음. 소년의 가슴 속.

16. 봄은 하늘이 본래 품은 생각이다

봄은 하늘이 본래 품은 생각이요,

가을은 하늘이 별다른 조화를 이룬 것이다.

▨ 봄이라는 것은 대자연을 주관하는 하늘의 본래 마음이요, 가을이라는 것은 대자연이 주관하는 별다른 정취인 것이다.

春者天之本懷[1]
秋者天之別調[2]

1) 本懷(본회) : 본래 생각 그대로를 간직하고 있는 마음.
2) 別調(별조) : 색다른 조화. 별다른 정취.

17. 만약 꽃과 달과 미인이 없다면

옛사람이 말하기를 "만약 꽃과 달과 미인이 없다면, 이 세상에 태어나기를 원하지 않았을 것이다." 라고 했다.
내가 한 마디를 보탠다면 "만약 붓과 먹과 바둑과 술이 없다면 반드시 사람의 몸으로 태어나는 것을 정하지 않았을 것이다."라고 할 것이다.

▨ 옛날에 어떤 사람이 말하기를 "만약 꽃이나 달이나 아름다운 여인이 존재하지 않았다면 이 세상에 태어나기를 원하지 않았을 것이다."라고 했다는데, 나는 여기에 한 마디를 더 보태어 말하고 싶다. "만약 붓이나 먹이나 바둑이나 술이 없었다면 반드시 사람의 몸으로 태어나기를 정하지 않았을 것이다."

昔人[1]云 若無花月美人 不願生此世界 予 益一語云 若無翰

墨²⁾棋酒 不必定作人身

1) 昔人(석인) : 옛 사람. 누구인지 잘 모른다.
2) 翰墨(한묵) : 붓과 먹. 곧 시를 짓고 글을 쓰다.

18. 만약 벌레가 된다면 나비가 되고 싶다

원컨대 나무로 있으려면 가죽나무가 되고 싶고
원컨대 풀로 있으려면 시초(蓍草)가 되고 싶고
원컨대 새로 있으려면 갈매기가 되고 싶고
원컨대 짐승으로 있으려면 해태가 되고 싶고
원컨대 벌레로 있으려면 나비가 되고 싶고
원컨대 물고기로 있으려면 곤(鯤)이 되고 싶다.

▨ 이 세상에 나무로 태어난다면 가죽나무가 되어 천년을 살고 싶고, 풀로 태어난다면 시초풀이 되어 천년 앞을 내다보고 싶고, 새로 태어난다면 갈매기가 되어 이 우주를 자유자재로 날아보고 싶고, 짐승으로 태어난다면 해태가 되어 죄 있는 자를 치받고 싶고, 벌레로 태어난다면 나비가 되어 꽃 사이를 훨훨 날아보고 싶고, 물고기로 태어난다면 곤(鯤)이 되어 수천리를 차지하고 싶다.

願在木而爲樗¹⁾
願在草而爲蓍²⁾
願在鳥而爲鷗³⁾
願在獸而爲廌⁴⁾
願在蟲而爲蝶⁵⁾

願在魚而爲鯤[6]

1) 樗(저) : 가죽나무. 소태나무과에 속하는 낙엽교목. 잎은 냄새가 이상하고 재목은 옹이가 많아 재목으로 쓰임이 별로 없다. 장자에 천년을 산다고 하는 나무.
2) 蓍(시) : 톱풀. 엉거시과에 속하는 다년초 줄기는 점을 치는데 쓰인다. 점을 치는 것은 앞날을 내다볼 수 있는 것.
3) 鷗(구) : 갈매기. 갈매기과에 속하는 물새. 갈매기는 물 위를 자유자재로 활동하는 새.
4) 廌(채) : 해태. 전설상의 동물로 신수(神獸)라고 하는데 죄가 있는 사람을 치받는다고 한다.
5) 蝶(접) : 나비. 꽃 사이를 훨훨 날아다니며 소요하는 풍류를 즐길 수 있다.
6) 鯤(곤) : 곤어. 상상의 물고기. 『장자』에 보면 곤이 변화하면 붕새가 된다고 했다.

19. 옛날이나 지금이나 사람은 반드시 짝이 있다

황구연(黃九烟) 선생이 이르기를
"옛 사람이나 지금 사람이나 반드시 그 짝이 있다. 다만 천고(千古)에 짝이 없는 이는 그 오직 반고(盤古)뿐인가." 하였다.
내가 말한다면 "반고(盤古)는 또한 일찍이 짝이 없지 않다. 다만 우리가 보고 듣는 데 이르지 못했을 뿐이다. 그 사람이 누구인가. 곧 이 세상이 파멸될 때 최후의 한 사람이다." 라고 하겠다.

제1부 삶과 사랑과 행복   43

▨ 황구연(黃九烟) 선생이 말하기를 "옛 사람이나 지금 사람이나 반드시 그 짝이 있다. 다만 아주 아주 옛날에 짝이 없었던 이가 있었는데 그는 오직 천지가 창조될 때의 전설상의 신인 반고(盤古)뿐이다." 하였다. 나는 이에 대해 이렇게 말하겠다. "천지가 창조될 때의 전설상의 신인 반고도 또한 짝이 없지 않다. 다만 우리들이 그것을 보는 데 이르지 못했을 뿐이다. 그 사람이 누구냐 하면 이 세상이 다할 때 최후의 한 사람이 그 반고의 짝이다."

黃九烟[1]先生云 古今人 必有其偶[2] 隻千古而無偶者 其惟盤古[3]乎
予謂 盤古亦未嘗無偶 但我輩不及見耳 其人爲誰 卽此劫盡[4]時 最後一人是也

1) 黃九烟(황구연) : 이름은 주성(周星). 『유몽영』의 저자인 장조(張潮)의 선배. 명(明)나라 신종 39년에 태어나 청(淸)나라 성조(聖祖) 19년에 죽었다.
2) 偶(우) : 짝하다. 동지의 뜻.
3) 盤古(반고) : 중국 태고(太古) 때의 전설상의 천자(天子).
4) 劫盡(겁진) : 이 세상이 멸망하는 때. 마지막 때.

20. 새벽에 일어나는 자는 밤이 여유롭다

옛 사람이 겨울을 세 가지 여유로움으로 삼는다고 했다.
나는 이르기를
마땅히 여름으로써 세 가지 여유로움으로 삼는다 하겠다.
새벽에 일어나는 자는 밤이 여유로운 것이요,

밤에 앉아 있는 자는 낮이 여유로운 것이요,
낮잠을 자는 자는 인사(人事)의 여유에 대답하는 것이다.
옛사람의 시(詩)에 이르기를
"나는 여름날의 긴 것을 아낀다."
고 했는데 진실로 속이지 아니한 것이다.

▨ 옛 사람은 추운 겨울을 학문이나 독서하기에 가장 알맞은 시기로 보아 겨울의 세월이 남은 것, 날이 남은 것, 때가 남은 것을 '학문하는 가장 좋은 세 가지 여가'로 삼는다고 하였다. 내가 말한다면 마땅히 여름으로써 세 가지 여유로움을 삼는다 하겠다. 새벽에 일어나는 사람에게는 밤에 한가로움이 있으며 밤에 앉아 있는 사람에게는 낮에 한가로움이 있으며, 오수를 즐기는 사람은 인사(人事)에 한가로움이 있음에 응하는 것이다. 옛사람의 시구에 쓰여 있기를 "나는 여름날의 길고 긴 것을 아끼노라." 했는데 진실로 거짓없는 이야기이다.

古人[1]以冬爲三餘[2] 予謂 當以夏爲三餘
晨起者 夜之餘
夜坐者 晝之餘
午睡者 應酬人事之餘
古人詩云 我愛夏日長[3] 洵不誣[4]也

1) 古人(고인) : 고인은 삼국(三國)시대 위(魏)나라 동우(董遇)이며 자는 계직(季直)이다.
2) 三餘(삼여) : 학문이나 독서하기에 가장 알맞은 세 가지의 좋은 때로 겨울의 1년을 마감하기 위해 남아 있는 세월과 날짜와 때를 뜻한다.
3) 我愛夏日長(아애하일장) : 소동파(蘇東坡)의 시 '족유공권연구(足柳公權聯句)'의 둘째시구.『고문진보전집권I(古文眞寶前集卷一)』에 있다.

4) 誣(무) : 속이다. 꾸며대다.

21. 나비가 꿈에 장주(莊周)가 된 것은 불행

장주(莊周)가 꿈 속에서 나비가 되었는데
이것은 장주의 행복이었다.
나비가 꿈 속에서 장주가 되었는데
이것은 나비의 불행이었다.

▨ 장자(莊子)가 나비가 되는 꿈을 꾼 것은 장자가 자연으로 돌아간 것으로 장자가 행복을 얻은 것이었으며, 나비가 장자의 꿈 속에 나타난 것은 자연을 버리고 세속으로 들어간 것으로 나비의 불행일 수밖에 없다. (『장자』의 제물론편에 "옛날에 장주(莊周)가 꿈에 나비가 되었다. 너풀너풀 춤을 추는 나비였다. 스스로 즐거워서 자신이 나비라는 것을 깨닫지 못했다. 그러나 문득 잠에서 깨어 보니 자신은 엄연한 장주였다. 대체 장주가 꿈 속에서 나비가 된 것인지 아니면 나비가 꿈에 장주가 된 것인지를 모른다. 그러나 장주와 나비와는 분명하게 구별이 있을 것이다. 이것을 일러 변화라고 한다."고 했다.)

莊周[1]夢爲蝴蝶　莊周之幸也
蝴蝶夢爲莊周　蝴蝶之不幸也

1) 莊周(장주) : 장자(莊子). 춘추시대(春秋時代) 송(宋)나라 사람. 그의 사상이 노자(老子)사상에 기초하고 있으며 저서로 『장자』 10권이 있다.

22. 꽃을 심는 것은 나비를 맞이하려는 것

꽃을 심는 것은 가히 나비를 맞이하려는 것이요,
돌을 쌓는 것은 가히 구름을 맞이하려는 것이요,
소나무를 심는 것은 가히 바람을 맞이하려는 것이요,
물을 막아두는 것은 가히 개구리밥을 맞이하려는 것이요,
누대를 쌓는 것은 가히 달을 맞이하려는 것이요,
파초를 심는 것은 가히 비를 맞이하려는 것이요,
버들을 심는 것은 가히 매미를 맞이하려는 것이다.

▨ 많은 꽃을 심어 꽃밭이 되면 나비가 날아오고, 큰 돌들을 쌓으면 구름이 덮으며, 소나무를 심어 가꾸면 바람이 솔잎 사이를 지나는 것이요, 물을 막아 저수지를 만들면 개구리 밥이 자라나므로 그것을 맞이하는 것과 같다. 높은 누대를 쌓아 올려 달맞이를 즐기고, 파초를 심어 파초 밭을 가꾸면 비가 와 비소리가 장관을 이루며, 버드나무를 심으면 여름에 매미가 찾아와 울어대니 맞이하는 것과 같다.

藝花可以邀蝶
纍石可以邀雲
栽松可以邀風
貯水可以邀萍[1]
築臺可以邀月
種蕉[2]可以邀雨
植柳可以邀蟬

1) 萍(평) : 개구리밥. 개구리밥과에 속하는 다년생 수초(水草). 물 위에 떠서 살며 담홍색의 꽃이 핀다. 부평초.
2) 蕉(초) : 파초. 파초과에 속하는 열대산 다년초. 잎은 크고 긴 타원형이며 꽃은 황백색이다.

23. 말로는 지극히 운치있는데 실상은 비루한 것은

경치에는
말로는 지극히 그윽하다고 하고
실상은 쓸쓸한 것이 있는데
그것은 이슬비이다.
경우(처지 : 處地)에는
말로는 지극히 고상하다고 하고
실상은 감당하기 어려운 것이 있는데
그것은 가난하고 병들은 것이다.
소리에는
말로는 지극히 운치스럽다고 하고
실상은 거칠고 비루한 것이 있는데
그것은 꽃을 파는 소리다.

▨ 이슬비의 정경을 논할 때는 지극히 그윽하다고 하는데 그 실상은 쓸쓸한 것이요, 가난하고 병든 처지를 논할 때는 지극히 고상하나고 하는데 그것을 감당하기란 지극히 어려운 것이며, '꽃 사세요' 라고 하는 소리는 말은 지극히 운치가 있지만 실상은 거칠고 비루한 것이다.

景有言之極幽而實蕭索¹⁾者 烟雨²⁾也
境有言之極雅而實難堪者 貧病也
聲有言之極韻而實粗鄙³⁾者 賣花聲也

1) 蕭索(소삭) : 쓸쓸한 모양.
2) 烟雨(연우) : 이슬비.
3) 粗鄙(조비) : 거칠고 비루하다.

24. 재주는 정해지지만 지혜는 닦을 수 있다

재주 있는 것과 부하고 귀한 것은 정해지고
복덕과 지혜는 좇아 함께 닦으면 얻어올 수 있다.

▨ 특별한 재주와 부자가 되고 귀하게 되는 것은 정해지는 것이고 복덕과 지혜라는 것은 함께 닦는다면 얻어올 수가 있다.

才子¹⁾而富貴定 從福慧²⁾雙修得來

1) 才子(재자) : 재주가 있는 사람.
2) 福慧(복혜) : 복덕과 지혜.

25. 초생달은 쉽게 잠기는 것이 한스럽다

초생달은 그 쉽게 잠기는 것이 한스럽고,
그믐달은 그 더디게 오르는 것이 한스럽다.

▨ 새로 생기는 달, 곧 초생달은 금방 넘어가는 것이 한스럽고, 이지러지는 달, 곧 하현달은 더디게 뜨는 것이 한스럽다.

新月¹⁾恨其易沈
缺月²⁾恨其遲上

1) 新月(신월) : 음력 3일이나 4일에 뜨는 달.
2) 缺月(결월) : 하현(下弦)의 달. 그믐 가까운 져가는 달.

26. 밭을 갈지는 못하지만 물 주는 것은 배운다

몸소 밭을 가는 것에 나는 능하지 못하다.
밭에 물 주는 것을 배울 따름이다.
땔나무 하는 것에 나는 능하지 못하다.
풀을 깎는 것을 배울 따름이다.

▨ 자신이 몸소 밭을 갈고 농사를 짓지는 못하나 채소밭에 물을 주고 관리하는 것을 배우고, 자신이 직접 땔나무를 하고 가사를 꾸려가는 것은 능하지 못하지만 정원의 풀을 깎고 관리를 하는 것은 할 수 있다는 선비의 행동을 나열한 것이다.

躬耕吾所不能 學灌園¹⁾而已矣
樵薪吾所不能 學薙草²⁾而已矣

1) 灌園(관원) : 밭에 물을 주는 것. 곧 채소밭을 관리하는 것.
2) 薙草(치초) : 풀을 깎다. 정원의 풀을 베고 관리하다.

27. 열 가지 한스러운 것

첫번째 한스러운 것은 서고(書庫)에 쉽게 좀이 스는 것이요,
두번째 한스러운 것은 여름날 밤에 모기가 득실거리는 것이요,
세번째 한스러운 것은 달맞이 하는 정자가 쉽게 비가 새는 것이요,
네번째 한스러운 것은 국화잎이 너무 많이 오그라든 것이요,
다섯번째 한스러운 것은 소나무에 큰 개미가 너무 많은 것이요,
여섯번째 한스러운 것은 대나무에 낙엽이 너무 많은 것이요,
일곱번째 한스러운 것은 계수나무꽃이 너무 쉽게 꺾어지는 것이요,
여덟번째 한스러운 것은 쑥밭에 살무사가 숨어 있는 것이요,
아홉번째 한스러운 것은 장미꽃에 가시가 나 있는 것이요,
열번째 한스러운 것은 복어에 독이 많은 것이다.

▨ 첫번째 원망스러운 것은 책을 보관하던 서고에 쉽게 좀이 생겨 스러지는 것이요, 두번째 원망스러운 것은 여름날 밤에 모기가 윙윙거리는 것이요, 세번째 원망스러운 것은 달을 보는 정자가 쉽게 비가 새는 것이요, 네번째 원망스러운 것은 국화잎이 많이 오그라든 것이요, 다섯번째 원망스러운 것은 소나무에 큰 개미들이 득실거리는 것이요, 여섯번째 원망스러운 것은 대나무에 낙엽이 너무 많은 것이요, 일곱번째 원망스러운 것은 계수나무의 꽃이 쉽게 꺾여지는 것이요, 여덟번째 원망스러운 것은 쑥이 자라는 곳에 살무

사가 숨어 있는 것이요, 아홉번째 원망스러운 것은 장미꽃에 가시가 돋아나 있는 것이요, 열번째 원망스러운 것은 복어가 매서운 독이 있는 것이다.

一恨書囊[1]易蛀
二恨夏夜有蚊
三恨月臺[2]易漏
四恨菊葉多焦
五恨松多大蟻
六恨竹多落葉
七恨桂荷[3]易謝
八恨薜蘿[4]藏虺[5]
九恨架花[6]生刺
十恨河豚[7]多毒

1) 書囊(서낭) : 책 상자. 곧 서가.
2) 月臺(월대) : 달을 보는 누대.
3) 桂荷(계하) : 계수나무와 연봉은 잘 꺾어진다.
4) 薜蘿(설라) : 쑥. 맛이 쓰고 엉거시과에 속하는 다년초. 약용, 식용함. 설(薜)은 벽(薜)의 잘못인 것 같기도 하다. 벽라는 산마(山麻)의 일종. 당귀(當歸)라고도 한다.
5) 虺(훼) : 살무사. 뱀과에 속하는 독이 있는 뱀.
6) 架花(가화) : 장미꽃의 별명.
7) 河豚(하돈) : 복어. 창복과에 속하는 바다의 물고기.

28. 각별한 한 번의 정경

누각 위에서 산을 바라보고
성(城) 꼭대기에서 눈을 바라보고
등불 앞에서 달을 바라보고
배 가운데에서 노을을 바라보고
달빛 아래서 미인을 바라보는 것은
각별한 한 번의 정다운 경우이다.

▨ 망루(望樓)에서 산을 바라보고 성의 높은 곳에서 눈 덮인 산야를 바라보고 등불 앞에서 달을 바라보고 떠 있는 배 가운데서 저녁 노을을 바라보고 희미한 달빛 아래서 미인을 바라보는 것은 특별한 한 번의 멋있는 정경이다.

樓上看山 城頭看雪 燈前看月 舟中看霞[1] 月下看美人 別是一番[2]情境

1) 霞(하) : 저녁 노을. 수증기의 현상으로 붉게 타오르는 듯한 현상.
2) 別是一番(별시일번) : 각별한 이 한 번.

29. 산빛과 물소리와 달빛

산빛과 물소리와 달빛, 꽃향기,
문인(文人)의 운치와 미인의 자태는

다 가히 상태를 표현할 수가 없고 가히 집착할 수가 없으며, 참으로 꿈 속의 넋을 불러 들이고 생각을 거꾸러뜨릴 만하다.

▨ 산의 풍광(風光)이나 물이 흐르는 소리나 달의 희미한 빛이나 꽃의 아름다운 향기나 문인들의 흥치나 아름다운 여인의 자태는 다 그 상태를 표현할 수가 없고 다 그에 집착할 수가 없으며 진실로 꿈 속의 넋을 부르고 마음을 사로잡을 만하다.

　山之光　水之聲　月之色　花之香　文人之韻致　美人之姿態　皆無可名狀　無可執著[1]　眞足以攝召魂夢[2]　顚倒情思[3]

1) 執著(집착) : 마음이 한 곳에 달라붙어 떨어지지 아니하다.
2) 攝召魂夢(섭소혼몽) : 꿈 속의 넋을 거느려 부르다.
3) 情思(정사) : 생각.

30. 상상 속에서는 무엇이라도 할 수 있다

가상의 꿈은 능히 스스로 주관하여
비록 천리라도 명령하여 부리는 것에 어려움이 없으니
가히 장방의 축지(縮地)도 부러울 것이 없다.
죽은 사람과도 마주 대할 수 있으니
소군(少君)의 혼을 부르는 일도 기다릴 것이 없다.
오악(五嶽)에 누워 놀면서도
상가들고 시집가는 식을 다 마치는 것을 기다릴 필요도 없다.

▨ 자신이 상상하여 만드는 꿈은 자기 자신이 마음대로 주관할

수 있으니 비록 수천리라도 명령하여 부리는 데에 어려움이 없으며
후한 때 장방(長房)이 땅을 줄였다 늘렸다 하였다는 술법(術法)도
부럽지 않다. 죽은 사람과 대좌하는 것도 이소군(李少君)을 시켜
혼을 부리는 일을 기다리지 않아도 된다. 다섯 높은 산(五嶽:泰山
華山 衡山 恒山 嵩山)의 경치 속에 놀면서 장가 들고 시집 가는 예
식을 다 마치는 것을 기다리지 않아도 된다. 이것이 자신의 마음대
로 부릴 수 있는 상상의 꿈이다.

假使夢[1]能自主 雖千里 無難命駕[2] 可不羨長房之縮地[3] 死者可
以晤對[4] 可不需少君之招魂[5] 五嶽[6]可以臥遊 可不俟婚嫁[7]之盡畢

1) 假使夢(가사몽): 자신의 상상으로 꾸는 꿈. 가상의 꿈.
2) 命駕(명가): 명령하여 부리다. 마음대로 부리다.
3) 長房之縮地(장방지축지): 장방은 후한(後漢) 때의 여남(汝南)사람. 호공
   (壺公)을 따라 산에 들어가 선술(仙術)을 배워 축지법을 했다고 한다.
4) 晤對(오대): 마주 대면하다.
5) 少君之招魂(소군지초혼): 소군은 한(漢)나라 때의 방사(方士:도사)로
   죽은 사람의 혼령을 불러내는 도술을 행했다고 한다.
6) 五嶽(오악): 숭산(嵩山) 태산(泰山) 화산(華山) 형산(衡山) 항산(恒山)
   의 다섯 개의 큰 산. 중국에 있다.
7) 婚嫁(혼가): 시집 가고 장가 들다.

31. 결함이 있다고 이르지는 않는다

소군(昭君)은 화친한 것으로써 드러났고
유분(劉蕡)은 과거에 떨어지고도 전(傳)해졌다.

가히 불행이라고 이르지만
가히 결함이 있다고 이르지는 않는다.

▨ 한(漢)나라 왕소군(王昭君)은 오랑캐와의 화친의 일원으로서 이 세상에 이름이 알려졌고 당(唐)나라의 유분(劉蕡)은 과거에 낙제하고도 지금까지 전해져 오고 있다. 이것을 불행하다고 말하고 결함이 있다고 말하지 않는다.

昭君[1]以和親[2]而顯 劉蕡[3]以下第而傳 可謂之不幸 不可謂之缺陷[4]

1) 昭君(소군) : 전한(前漢) 때 원제(元帝)의 궁녀(宮女). 왕소군(王昭君)이며 이름은 장(嬙). 원제 때 아름다운 미녀였으나 화공(畵工)에게 돈을 바치지 않아 추하게 그려 왕의 은혜를 입지 못하고 오랑캐인 호한사선우(呼韓邪單于)에게 출가했다. 절세의 미인이 오랑캐에게 시집간 것을 애석하게 여기는 것이 지금도 세인들의 입에 오르내리고 있다.
2) 和親(화친) : '친목을 도모하다'의 뜻. 여기서는 오랑캐인 호한사선우와의 외교적인 화친을 위하여 여자를 보내 무마한 것.
3) 劉蕡(유분) : 당(唐)나라의 남창(南昌)사람. 문종(文宗) 때 현량대책(賢良對策)에 응시하여 환관(宦官)의 횡포를 논하는 글을 지었는데 시관(試官)이 환관의 세력을 두려워하여 그를 낙방시킨 일이 있다.
4) 缺陷(결함) : 결점. 잘못된 치부.

32. 꽃을 사랑하는 마음으로 미인을 사랑하면

꽃을 사랑하는 마음으로 미인을 사랑하면

깨닫는 것이 자유로워져
특별한 정취가 풍요로워질 것이요,
미인을 사랑하는 마음으로 꽃을 사랑한다면
소중하게 여기는 것이 갑절로 되어
깊은 애정이 있을 것이다.

▨ 사람들이 꽃을 사랑하는 마음가짐으로 미인을 사랑한다면 깨닫는 것이 자유스러워져서 각별한 정취를 풍요롭게 할 것이다. 사람들이 미인을 사랑하는 마음으로 꽃을 좋아한다면 소중하게 여기는 것이 갑절이나 더하고 깊은 애정이 있을 것이다.

以愛花之心 愛美人 則領略[1] 自饒別趣[2]
以愛美人之心 愛花 則護惜[3] 倍有深情

1) 領略(영략) : 깨닫다. 이해하다.
2) 饒別趣(요별취) : 각별한 정취가 풍요로워지다.
3) 護惜(호석) : 소중하게 여기다.

33. 미인이 꽃보다 뛰어난 것은

미인이 꽃보다 뛰어난 것은 말을 할 수 있는 것이요,
꽃이 미인보다 뛰어난 것은 살아 있는 향기이다.
두 가지는 가히 겸하여 얻지 못하나니
살아있는 향기를 버리고 말할 수 있는 것을 취할 것이다.

▨ 아름다운 여인이 아름다운 꽃보다 특별히 우월한 것은 말을

할 수 있다는 것이요, 아름다운 꽃이 아름다운 여인보다 독특한 것은 살아 있는 향기이다. 아름다운 여인이나 아름다운 꽃 두 가지를 한꺼번에 얻지 못할 바에는 살아 있는 향기를 놓아 두고 말을 할 수 있는 미인을 소유할 것이다.

美人之勝於花者 解語[1]也
花之勝於美人者 生香[2]也
二者不可得兼 舍生香 而取解語者也

1) 解語(해어) : 말을 할 수 있다. '말하는 꽃〔解語花〕'은 당(唐)나라 현종(玄宗)의 양귀비(楊貴妃)를 칭한다.
2) 生香(생향) : 살아 있는 향기. 꽃에서 향기가 나오는 것을 뜻한다.

34. 창 안에 있는 사람이 창문 종이 위에

창 안에 있는 사람이 창문 종이 위에 글자를 쓴다.
나는 창 밖에서 그것을 보고 지극히 멋지다고 한다.

▨ 창문 안에 있는 사람이 창문 종이 위에 글자를 쓴다. 나는 창문 밖에서 그것을 보고 지극히 멋져 보인다고 한다.

窓內人於窓紙[1]上作字 吾於窓外觀之 極佳

1) 窓紙(창지) : 창문의 종이. 창문에 바르는 종이.

35. 소년의 독서는 틈새로 달을 보는 것이다

소년(少年)의 독서는 틈새로 달을 보는 것과 같고,
중년(中年)의 독서는 뜰 가운데서 달을 바라보는 것과 같고,
노년(老年)의 독서는 누대 위에서 달을 구경하고 즐기는 것과 같다.
이것은 다 지나온 일들의 엷고 깊은 것으로,
얻는 것이 엷고 깊은 것이 되는 것이다.

▨ 어린시절의 책을 읽는 것은 문틈 사이로 달을 엿보는 것과 같은 것이다. 성장하여 책을 읽는 것은 정원에서 달을 바라보는 것과 같은 것이다. 노인이 되어서 책을 읽는 것은 높은 누대 위에서 달을 구경하고 즐기는 것과 같다. 이것은 다 지나온 경험의 적고 많은 것에서 기인하여 자신의 얕고 심오함이 되는 것이다.

少年讀書 如隙中窺月
中年讀書 如庭中望月
老年讀書 如臺上玩月[1]
皆以閱歷[2]之淺深 爲所得之淺深耳

1) 玩月(완월) : 달을 구경하고 즐기다.
2) 閱歷(열역) : 지나온 일. 경력. 체험한 일.

제1부 삶과 사랑과 행복 59

36. 한겨울의 비는 내릴 필요가 없다

나는 우사(雨師)에게 글을 올리고자 한다.
'봄비는
상원절(上元節) 뒤에 시작하여 청명(淸明) 10일 전의 안과
곡우(穀雨)절기의 가운데 이르는 것이 마땅합니다.
여름비는
매월 상현(上弦) 앞이나 하현(下弦)의 뒤가 마땅한 것입니다.
가을비는
맹추(孟秋)와 계추(季秋)의
위와 아래의 20일에 오는 것이 마땅합니다.
만약 삼동(三冬)에 이르면
정히 가히 비가 내릴 필요가 없습니다.'

▨ 나는 비를 내리게 하는 우사(雨師)에게 편지를 올리고자 한다. '봄에 내려주는 비는 음력 정월 보름날이 지나서 시작하여 청명(淸明)이 되기 10일 안과 곡우절(穀雨節) 중간에 오도록 하여 주는 것이 적절하며, 여름에 내려주는 비는 매월 7~8일 전과 22~23일 뒤가 적절하며, 가을에 내려주는 비는 7월에서 9월의 위와 아래 20일이 적절합니다. 만약 10월 11월 12월에 이르러서는 비가 내릴 필요가 없습니다.'

吾欲致書雨師[1] 春雨宜始于上元節[2]後 至淸明[3]十日前之內 及 穀雨節[4]中

夏雨宜於每月上弦[5]之前 及下弦[6]之後
秋雨宜于孟秋季秋[7]之上下二旬
至若三冬[8] 正可不必雨也

1) 雨師(우사) : 비를 맡은 신(神).
2) 上元節(상원절) : 음력 정월 대보름.
3) 淸明(청명) : 24절기의 하나. 춘분(春分)의 다음 절기. 양력 4월 5~6일경.
4) 穀雨節(곡우절) : 24절기의 여섯째 절기. '모든 곡식이 잘 자라게 하는 비'의 뜻. 양력으로 4월 20~21일경.
5) 上弦(상현) : 매월 음력 7~8일경의 달.
6) 下弦(하현) : 매월 음력 22~23일경의 달. 상현의 반대.
7) 孟秋季秋(맹추계추) : 음력 7월과 9월.
8) 三冬(삼동) : 맹동(孟冬) 중동(仲冬) 계동(季冬)으로 10월 11월 12월을 이른다.

37. 근심스럽게 사는 것은 즐겁게 죽는 것만 못하다

더러운 부자(富者)가 되는 것은
청빈(淸貧)한 자가 되는 것만 같지 못하고,
근심스럽게 사는 것은
즐겁게 죽는 것만 같지 못하다.

▨ 부정부패하여 모은 돈으로 잘 사는 부자보다는 청렴하여 가난하게 사는 것보다 못하고, 근심걱정으로 세상을 살아가는 것보다는 즐겁게 죽는 것만 못하다.

爲濁富¹⁾ 不若爲淸貧²⁾
以憂生 不若以樂死

1) 濁富(탁부) : 부정하게 돈을 모아 부자가 된 것. 곧 더러운 돈으로 부자가 된 자.
2) 淸貧(청빈) : 청렴결백〔淸白〕하여 가난한 자.

38. 천하에서 최고의 부자는 귀신이다

천하(天下)에서 오직 귀신이 최고의 부자이다.
살아 있을 때에는 주머니에 한 편의 글도 없지만
죽은 후에는 매일 종이돈이 넉넉하다.
천하(天下)에서 오직 귀신이 최고로 존경받는다.
살아 있을 때에는 혹 속이고 능멸을 받으나
죽은 뒤에는 반드시 무릎 꿇고 하는 절을 많이 받는다.

▨ 온 세상에서 귀신이 제일 부자이다. 살아 있을 때에는 주머니 속에 한 편의 글도 간직하지 못해도 죽고 난 뒤에는 매일 지전(紙錢 : 돈)이 풍족하기 때문이다.(귀신에게 빌고 지전을 태운다.) 온 세상에서 귀신이 제일 존경 받는다. 살아있을 때에는 혹은 사기도 당하고 모멸도 겪지만 죽고 난 뒤에는 반드시 무릎을 꿇고 하는 절을 많이 받기 때문이다.

天下唯鬼¹⁾最富 生前囊無一文 死後每饒楮鈔²⁾
天下唯鬼最尊 生前或受欺凌³⁾ 死後必多跪拜

1) 鬼(귀) : 죽은 사람의 혼. 음(陰)의 신령. 살아 있을 때는 인간이고 죽으

면 귀라고 한다.
2) 楮鏹(저강) : 종이로 만든 돈꿰. 지전 뭉치. 제사지낼 때 불사른다. 돈과 모양이 똑같다.
3) 欺凌(기릉) : 속임을 당하고 능멸당하다.

39. 나비는 재주 있는 사람의 화신

나비는 재주 있는 사람의 화신(化身)이요,
꽃은 미인(美人)의 다른 이름이다.

▨ 훨훨 날으는 나비는 재사(才士)들이 몸을 바꾸어 태어난 것이요, 아름다운 꽃이란 아름다운 여인들을 달리 부르는 이름이다.

蝶爲才子之化身[1]
花乃美人之別號[2]

1) 化身(화신) : 과거 미래 현재의 삼신(三身)의 하나. 불보살(佛菩薩)이 형체를 바꾸어 나타나는 일.
2) 別號(별호) : 별도로 부르는 이름. 다르게 칭하는 이름. 문인(文人)들은 옛부터 별도로 부르는 이름이 있었다. 호(號)와 같다.

40. 꽃으로 말미암아 미인을 생각한다

눈으로 말미암아서는 고결한 선비를 생각하게 되고,
꽃으로 말미암아서는 미인을 생각하게 되고,

술로 말미암아서는 협객(俠客)을 생각하게 되고,
달로 말미암아서는 좋은 벗을 생각하게 되고,
산과 물로 말미암아 마음에 드는 시문(詩文)을 생각하게 된다.

▨ 하얗게 쌓인 눈을 보면 고상한 선비를 생각하게 되며, 화려한 꽃을 보면 아름다운 여인을 생각하게 되고, 맛있는 술이 있으면 호탕한 사나이를 생각하게 되고, 밝은 달을 바라보면 좋은 벗을 생각하게 되고, 좋은 경치를 보면 마음에 드는 시구를 생각하게 된다.

因雪想高士[1] 因花想美人 因酒想俠客 因月想好友 因山水想得意[2]詩文

1) 高士(고사) : 고결한 선비. 고상한 학자의 뜻.
2) 得意(득의) : 마음에 들다. 바라던 것이 성취되다. 뜻에 맞다.

41. 여울물소리를 들으면 제강에 있는 것 같다

거위소리를 들으면 백문(白門)에 있는 것 같고
노젓는 소리를 들으면 삼오(三吳)에 있는 것 같고
여울물소리를 들으면 제강(淛江)에 있는 것 같고
노새나 말의 목에 달린 방울소리를 들으면
장안(長安 : 서울)의 길 위에 있는 것 같다.

▨ 거위들의 울음소리를 들으면 금릉(金陵 : 白門의 별칭)땅에 와 있는 것 같고, 사공이 노젓는 소리를 들으면 삼오(三吳)지방에 와 있는 것 같고, 물이 흐르는 여울물소리를 들으면 절강(浙江)에 와

있는 것 같고, 노새나 말의 방울소리를 들으면 장안의 길거리에 와
있는 것 같다.

聞鵝聲如在白門[1]
聞櫓聲如在三吳[2]
聞灘聲如在浙江[3]
聞贏馬項下鈴鐸[4]聲 如在長安道上

1) 白門(백문) : 남경(南京)의 별칭. 금릉(金陵)이라고도 한다.
2) 三吳(삼오) : 춘추시대 오(吳)나라의 3대 주요 도시. 지금의 소주(蘇州)
   상주(常州) 호주(湖州)로 물이 많은 지대.
3) 浙江(제강) : 절강(浙江)의 고칭(古稱).
4) 鈴鐸(영탁) : 말의 목에 달린 방울.

42. 한 해의 모든 절후 중 상원(上元)이 제일이다

한 해의 모든 절후(節候)는 상원(上元)을 제일로 삼는다.
중추(中秋)가 다음이요, 5일과 9일은 또 그 다음이다.

▨ 1년 한 해 동안의 절후(節候)에서는 정월 대보름을 으뜸으로
삼는다. 8월 15일의 한가위가 그 다음이요, 5월 5일의 단오절과 9월
9일 중양절이 또 그 다음이다.

一歲諸節 以上元爲第一
中秋次之 五日 九日[1] 又次之

1) 五日 九日(오일 구일) : 5일은 5월 5일 단오절. 9일은 9월 9일 중양절

(重陽節)을 뜻한다.

43. 비가 하는 일이란 낮을 짧게 하고

비가 하는 일이란
낮이 짧도록 명령하고 밤이 길도록 명령한다.

▨ 하늘에서 내리는 비가 하는 일이란 낮을 짧게 하고 밤을 길게 한다.

雨之爲物[1] 能令晝短 能令夜長

1) 爲物(위물) : 일을 하는 것. 일이 되는 것.

44. 옛 것이 지금까지 전해지지 않는 것이란

옛 것이 지금까지 전해지지 않는 것이란
휘파람과 칼솜씨와 바둑 두던 모습과 공 치던 모습이다.

▨ 옛날의 것이 지금까지 전해지지 않는 것은 휘파람소리이며 검술(劍術 : 검을 휘두르는 모습)이며 바둑을 두던 그 모습이며 공을 차고 놀던 그 광경들이다.

古之不傳于今者 嘯[1]也 劍術也 彈棋[2]也 打毬[3]也

1) 嘯(소) : 입을 오므려 내는 소리. 휘파람.

2) 彈棋(탄기) : 바둑을 두던 것. 그 당시의 바둑 두던 모습.
3) 打毬(타구) : 공을 차고 노는 놀이. 격구놀이의 모습.

45. 시를 잘 짓는 도사(道士)가 있다면

시를 잘 짓는 승려는 때마다 다시 있는 것이다.
도사(道士)가 시에 능한 자 같으면
빈 골짜기의 발소리 뿐만 아닌 것은 무엇인가?

▨ 산사(山寺)에는 시를 잘 짓는 중들이 때마다 있다. 만약 도사(道士)로서 시에 능한 자라면 '쓸쓸한 골짜기에서 사람을 만나는 기쁨 뿐만은 아니다.' 라는 것은 무엇인가.

詩僧時復有之 若道士之能詩者 不啻空谷足音[1] 何也
1) 空谷足音(공곡족음) : 텅 빈 골짜기에서 사람을 만나는 것으로 매우 즐거운 일이라 한다. 자신과 의견이나 학설이 일치하여 기쁜 것.

46. 새 가운데 두견새는 되지 말라

마땅히 꽃 가운데의 원추리꽃(망우초)은 될지라도
새 가운데의 두견새는 되지 말라.

▨ 모든 꽃 가운데에서 원추리꽃(망우초 : 忘憂草)은 될지언정 모든 새의 무리 가운데에서 두견새(귀촉도)는 되지 말라.(두견새는

피를 토하며 비통하게 우는 새로 알려져 있다.)

當爲花中之萱草[1] 毋爲鳥中之杜鵑[2]
1) 萱草(훤초) : 원추리꽃. 백합과에 속하는 다년초. 어린 잎과 꽃은 식용한다. 망우초(忘憂草).
2) 杜鵑(두견) : 두견이과에 속하는 새. 뻐꾸기와 비슷한 새. 촉(蜀)나라 망제(望帝)의 죽은 넋이 변하여 두견새가 되었다는 전설이 있으며 피를 토하며 애통하게 우는 새. 귀촉도(歸蜀道)새.

47. 당나귀만은 홀로 그렇지 못하다

사물(事物)이 어린 것은 다 가히 싫지 않지만
오직 당나귀만은 홀로 그렇지 못하다.

▨ 만물(萬物) 가운데 모든 어린 것들이 다 귀여운 면이 있으나 오직 당나귀만은 유독 귀여움이 없다.

物之穉者 皆不可厭 惟驢[1]獨否
1) 驢(여) : 당나귀. 당나귀의 새끼는 귀여움이 없다.

48. 여자가 가장 아름다운 때

여자는 14~15세에서부터 24~25세에 이르는
이 10년 동안은

연(燕) 진(秦) 오(吳) 월(越)을 논하지 않는데
그 소리가 모두 아름답고 애교스러워 사람을 감동하게 하며
한번 그 모습을 보면 아름답고 미운 것이 판연(判然)해진다.
귀로 듣는 것이 눈으로 직접 보는 것만 같지 못한 것은
여기에서 더욱 믿음이 간다.

▨ 여자의 나이 14~15세에서부터 24~25세에 이르는 이 10년
동안은 연나라 진나라 오나라 월나라를 막론하고 같다. 이
때에는 그 소리가 모두 아름답고 애교스러워서 사람을 감동시키며
한 번이라도 그 모습을 보면 아름답고 추한 것을 확실하게 가릴 수
있다. 귀로 듣는 것이 눈으로 한 번 보는 것만 같지 못한 것은 이
때에 더욱 믿음이 가는 말이다.(10년 동안에 여자의 얼굴이 꽃과
같이 활짝 펴지기 때문이다.)

女子自十四五歲 至二十四五歲 此十年中 無論燕秦吳越[1] 其音
大都嬌媚動人 一覯其貌 則美惡[2]判然矣 耳聞不如目見 於此益信

1) 燕秦吳越(연진오월) : 춘추전국시대 나라 이름. 하북(河北) 협서(陝西)
   강소(江蘇) 절강(浙江) 등지의 땅.
2) 美惡(미악) : 아름답고 추한 것.

49. 즐거운 경치를 찾는 것은

즐거운 경치를 찾는 것은
신선(神仙)을 배우는 것이요,
괴로운 곳으로 가는 것을 피하는 것은

부처를 배우는 것이다.
불가(佛家)에서 이른바 극락세계(極樂世界)라는 것은
대개 중생들의 고통이 이르지 않는 곳을 말한다.

▨ 안락하고 즐거운 곳만을 찾는 것은 신선을 배우려 하는 것이요, 고통으로 가는 것을 피하는 것은 불교를 배우는 것이다. 불자(佛者)들이 말하는 극락세계라는 것은 우리 중생들의 고통이 없는 곳일 뿐이다.

尋樂境[1]乃學仙
避苦趣[2]乃學佛
佛家所謂極樂世界[3]者 蓋謂衆苦之所不到也

1) 樂境(낙경) : 안락한 곳. 즐거운 곳.
2) 苦趣(고취) : 고통스러운 곳으로 가는 것.
3) 極樂世界(극락세계) : 불교의 이상세계. 아미타불이 거처하는 곳인 정토(淨土).

50. 부하고 귀하면서 몸이 고달프고 파리한 것은

부하고 귀한데도 몸이 고달프고 파리한 것은
편안하고 한가하면서 가난한 자만 같지 못하고,
가난하고 천한데도 교만하고 오만한 것은
겸손하고 공손하면서 부하고 귀한 자만 같지 못하다.

▨ 세상에서 부자이고 귀한 몸인데도 돈과 명예의 노예가 되어

고달픈 것은 편안하고 한가하게 지내는 가난하고 천한 사람만도 못한 것이요, 가난하고 천박하면서 교만하고 객기만 있는 자는 겸손하고 공손한 부자나 귀한 사람만 못하다.

富貴而勞悴¹⁾ 不若安閒²⁾之貧賤
貧賤而驕傲 不若謙恭之富貴

1) 勞悴(노췌) : 몸이 고달프고 파리하다.
2) 安閒(안한) : 편안하고 한가한 것.

51. 눈은 스스로 보지 못한다

눈은 능히 스스로 보지 못하고,
코는 능히 스스로 냄새맡지 못하고,
혀는 능히 스스로 핥지 못하고,
손은 능히 스스로 잡지 못하고,
오직 귀만 능히 스스로 그 소리를 듣는다.

▨ 사람의 눈은 눈을 떠야 볼 수 있는 것이요, 코는 숨을 쉬어야 냄새를 맡을 수 있고 혀는 음식물이 있어야 핥을 수 있고, 손은 물건이 있어야 잡을 수 있다. 그러나 귀는 그러한 것이 없어도 스스로 소리를 들을 수 있다.

目不能自見 鼻不能自嗅 舌不能自舐 手不能自握 惟耳能自聞其聲

52. 모든 소리는 멀리서 듣는 것이 마땅한데

무릇 소리는 다 멀리서 듣는 것이 마땅한데
오직 거문고소리 듣는 것은 멀고 가까운 것이 다 마땅하다.

▨ 모든 소리는 멀리서 듣는 것이 원칙이지만, 운치있는 거문고 소리는 가까운 곳에서나 먼곳에서도 다 듣기가 좋다.

凡聲皆宜遠聽
惟聽琴則遠近皆宜

53. 눈이 글자를 아는 것에 능하지 못하면

눈이 글자를 아는 것에 능하지 못하면
그 번민은 더욱 장님보다 지나치고
손이 붓자루를 잡는 것에 능하지 못하면
그 괴로움은 다시 벙어리보다 심하다.

▨ 우리의 눈이 글자를 읽어 알지 못하면 그 번민하는 것이 앞 못보는 장님보다 더하고, 손으로 붓을 잡고 글을 써 자신의 생각을 말하지 못하면 그 고통은 벙어리보다 더 심한 것이다.

目不能識字 其悶尤過于盲

手不能執管¹⁾ 其苦更甚於啞

1) 管(관) : 붓대를 뜻한다. 붓.

54. 인간의 즐거움을 다한 것

머리를 나란히 하여 시구를 짓고
목을 서로하여 글을 논하고
궁중에서 칙령에 응하여 속국(屬國)을 다 부리는 것은
모두 인간의 즐거운 일을 다한 것이다.

▨ 사람들이 서로 머리를 나란히 하고 시를 지어나가고 목을 엇갈려 글을 논하고 궁중에서 왕의 칙명을 받아 모든 제후국들을 다 부린다면 이것은 인간 세상의 즐거운 일들을 다한 것이다.

立頭聯句¹⁾ 交頸論文 宮中應制²⁾ 歷使³⁾屬國 皆極人間樂事

1) 聯句(연구) : 여러 사람이 한 구씩 지어 한 편의 시를 이루는 것.
2) 應制(응제) : 시에 남이 지은 시의 운자를 써서 답시를 하거나 또는 왕의 명령을 받아 시문을 짓는 일.
3) 歷使(역사) : 다 부리다. 다 조종하다.

55. 성씨(姓氏)는 다 각각 운치가 있다

수호전(水滸傳)에 무송이 장문신(蔣門神)을 꾸짖어 이르기를 "어찌하여 성이 이(李)씨가 아니냐" 했는데 이 말이 아주 절묘하다.

대개 성(姓)씨란 실로 아름다운 것도 있고 못난 것도 있고 꽃과 같고 버들과도 같고 구름과도 같고 풀과 같고 높은 것 같아 다 극히 인품이 있다.

대저 털과 의뢰와 그을음과 소와 같다면 다 눈에 먼지이고 귀에는 가시에 불과할 것이다.

▨ 소설 『수호지』를 보면 무송(武松)이 장문신을 꾸짖어 말하기를 "왜 이(李)씨 성이 되지 못했는가"고 했는데 이 말이 아주 절묘하다 하겠다. 대개 우리들의 성씨(姓氏)란 진실로 아름다운 것도 있고 아주 졸렬한 것도 있다. 꽃과 같고 버들과 같고 구름과 같고 풀과 같고 높은 것과 같은 것은 다 지극히 나름대로의 운치가 있는 것이다. 대개 새털이나 힘을 입거나 그을리거나 소와 같은 것이라면 다 눈에는 먼지에 지나지 않고 귀에는 가시처럼 여겨질 것이다.

水滸傳[1] 武松詰蔣門神[2]云 爲何不姓李 此語殊妙
蓋姓實有佳有劣 如華 如柳 如雲 如蘇 如喬 皆極風韻
若夫毛也 賴也 焦也 牛也 則皆塵於目而棘於耳者也

[1] 水滸傳(수호전): 원(元)나라의 시내암(施耐庵)이 지은 소설(小說). 71회 이후는 나관중(羅貫中)이 지었다고 전한다. 송(宋)나라 말기에 발간된 선화유사(宣和遺事)에 의거하여 송나라 휘종(徽宗) 때 일어난 군도(群盜)들의 행적들을 그린 것으로 『삼국지연의』『서유기』『금병매』와 함께 중국 소설의 4대기서(四大奇書)라 일컫는다.

[2] 蔣門神(장문신): 상문의 신(神).

56. 꽃이 눈에 보기좋고 코에도 향기로운 것은

꽃이 눈에 적당하고 코에도 적당한 것이란
매화 국화 난초 수선 주란(珠蘭) 연(蓮)이요,
코에만 적당한 것은
구연 계수 서향(瑞香) 치자 말리(茉莉) 목향(木香) 해당화 황매 등이다.
그밖에는 다 눈에만 적당한 것이다.
꽃과 잎새를 함께 관람할 수 있는 것은
가을해당이 가장 좋고 연꽃이 다음이요, 해당화와 도미(장미과)와 우미인(虞美人 : 개양귀비), 수선이 그 다음이다.
잎새가 꽃보다 나은 것은
안래홍(색비름) 미인초(파초)에 불과할 따름이다.
꽃과 잎새를 함께 볼 수 없는 것은 백일홍 백목련이다.

▨ 꽃이 눈으로 보기에도 아름답고 코로도 냄새를 맡으면 향기로운 것이 있다. 매화 국화 난초 수선화 주란 연꽃 등이다. 향기만 좋은 꽃이 있는데 구연꽃 계수나무꽃 서향꽃 치자꽃 말리꽃 목향꽃 해당화 황매 등이다. 이 밖에는 다 눈에만 아름답게 비치는 꽃이다. 꽃이나 잎새를 함께 관상할 수 있는 것은 가을해당화와 그 잎새가 가장 좋고 연꽃과 그 잎새가 그 다음이요, 해당화와 도미(장미과)와 우미인(개양귀비)과 수선화가 그 다음이다. 잎새가 꽃보다 아름다운 것은 안래홍(雁來紅 : 색비름) 미인초(美人蕉 : 파초)뿐이다. 꽃이나 잎새를 함께 볼 수 없는 것은 자미(紫薇 : 백일홍)나 백목련이다.

花之宜於目 而復宜於鼻者 梅也 菊也 蘭也 水仙也 珠蘭也 蓮也 止宜於鼻者 櫞¹⁾也 桂也 瑞香也 梔子也 茉莉²⁾也 木香也 玫瑰³⁾也 蠟梅⁴⁾也

餘則皆宜于目者也

花與葉俱可觀者 秋海棠爲最 荷次之 海棠 酴醾⁵⁾虞美人⁶⁾水仙 又次之

葉勝于花者 止雁來紅⁷⁾ 美人蕉而已

花與葉俱不足觀者 紫薇⁸⁾也 辛夷⁹⁾也

1) 櫞(연) : 구연. 레몬. 오향과에 속하는 상록교목.
2) 茉莉(말리) : 목서과에 속하는 상록관목. 관상용이나 향유의 원료로 쓰인다.
3) 玫瑰(매괴) : 여기서는 장미과에 속하는 낙엽관목. 해당화.
4) 蠟梅(납매) : 녹나무과에 속하는 낙엽관목. 생강나무. 황매라고도 한다.
5) 酴醾(도미) : 장미과의 낙엽 아관목(亞灌木). 싸리나무 종류.
6) 虞美人(우미인) : 개양귀비꽃. 원래 우미인은 항우(項羽)의 애첩이었다.
7) 雁來紅(안래홍) : 색비름. 비름과에 속하는 일년생 화초.
8) 紫薇(자미) : 백일홍의 별명.
9) 辛夷(신이) : 목련과에 속하는 낙엽교목. 백목련의 별칭.

57. 산림에서 고상한 이야기를 하는 자는

산림(山林)에서 고상한 이야기를 하는 자는
사람들이 모이는 곳에서
함부로 담론하는 것을 즐기지 않는다.
일을 살피는 것이 이와 같으면

『사기』와 『한서(漢書)』 등 모든 책들을 모두 없애
읽지 않는 것이 마땅하다.
대개 모든 책에 실려 있는 것은
다 옛날 시장사람들이 모인 곳에서 나온 이야기들이다.

▨ 산림(山林) 속에 숨어 살면서 고상한 이야기를 하는 사람은
사람들이 모이는 곳에서 아무렇게나 이야기하는 것을 즐겁게 여기
지 않는다. 일을 찾는 것이 이와 같다면 『사기(史記)』나 『한서(漢
書)』 등 한(漢)나라의 모든 글들을 함께 폐지하여 읽지 않는 것이
당연할 것이다. 왜냐하면 『사기』나 『한서(漢書)』 등 한나라의 모든
책들 속에 들어 있는 내용들은 다 옛날 시장사람들이 많이 모이는
곳의 이야기이기 때문이다.

　　高語[1] 山林者 輒不喜談市朝[2] 事審若此 則當竝廢史漢[3] 諸書而
不讀矣 蓋諸書所載者 皆古之市朝也

1) 高語(고어) : 높은 언어. 곧 고상한 말.
2) 市朝(시조) : 사람이 많이 모이는 곳. 시장이나 나라의 조정(朝庭)을 총칭.
3) 史漢(사한) : 『사기』와 『한서(漢書)』의 뜻.

58. 구름은 천하의 모든 사물을 그린다

구름의 물(物)을 삼은 것이
혹은 높고 험한 산과 같고 혹은 넘쳐 흐르는 물과 같고
혹은 사람과도 같고 혹은 짐승과도 같으며
혹은 새의 가슴털과 같고 혹은 물고기 비늘과 같은 것으로

천하의 만물을 다 가히 그리지만
오직 구름은 능히 그리지 못한다.
세상에서 구름을 그린다고 하는 것은 또한 억지 이름이다.

▨ 하늘에 떠 있는 구름은 혹은 높고 험한 산 같기도 하고 혹은 철철 넘쳐 흐르는 물 같기도 하고 혹은 사람 같기도 하고 혹은 짐승 같기도 하며 혹은 새의 가슴털처럼 생기고 혹은 물고기 비늘처럼 생기기도 하여 천하의 모든 사물을 다 그리고 있다. 그러나 오직 구름은 능히 그리지 못한다. 세상에서 구름을 그린다고 하는 것은 '억지 소리'일 뿐이다.

雲之爲物 或崔巍[1]如山 或瀲灩[2]如水 或如人 或如獸 或如鳥毳[3] 或如魚鱗 故天下萬物皆可畵 惟雲不能畵 世所畵雲 亦强名[4]耳

1) 崔巍(최외) : 높고 험한 모양.
2) 瀲灩(염렴) : 넘쳐 흐르는 모양.
3) 鳥毳(조취) : 새의 가슴털. 부드러운 솜털.
4) 强名(강명) : 억지 소리. 억지 이름. 말도 안되는 소리.

59. 완전한 복(福)

태평(太平)한 세상을 만나 호산군(湖山郡)에서 살고
관료들은 청렴하고 정숙하며 집안의 생계는 넉넉하고
장가 들어 아내가 현숙하고 자식을 낳았는데 총명하다.
인생이 이와 같으면 가히 완전한 복(福)이라고 이른다.

▨ 태평성세를 만나 산좋고 물좋은 호산군에 살며 관리들은 청렴하고 정숙하며 집안의 살림살이는 풍요롭고 장가 들은 아내는 현명하고 정숙하며 태어난 아들은 총명하고 지혜스럽다. 이와 같은 인생을 산다면 세상에 부러울 것이 없는 모든 복을 갖추었다고 할 것이다.

値太平世 生湖山郡[1] 官長[2]廉靜 家道[3]優裕 娶婦賢淑 生子聰慧 人生如此 可云全福

1) 湖山郡(호산군) : 호수와 산이 있는 고을. 풍광(風光)이 빼어나고 아름다운 도시의 뜻.
2) 官長(관장) : 관리와 관리의 우두머리.
3) 家道(가도) : 집안의 형편. 집안의 살림살이.

60. 모든 골동품의 종류란

천하의 골동품의 종류란
만드는 것을 날마다 하면 그 가격이 날마다 떨어진다.
백성들이 가난한 데 현혹되지 말라.

▨ 온 천하의 취미품의 종류를 하루도 쉬지 않고 날마다 일하여 계속 만들어내면 그 희소가치가 떨어져 가격은 날마다 하락하게 된다. 가격이 떨어져도 백성은 가난해지지 않는다. 취미용품의 가격변동은 백성에게는 이해타산이 없으므로 현혹되지 말라고 한 것이다.

天下器玩[1]之類 其製日工 其價日賤 毋惑乎民之貧也

1) 器玩(기완) : 장난감이나 골동품, 취미품의 일종.

61. 꽃을 기르는 데 쓰이는 담병(膽甁)은

꽃을 기르는 데 쓰이는 담병(膽甁 : 꽃병)은
그 모양이 높고 낮고 크고 작은 것 중에서
꽃과 함께 서로 알맞은 것을 쓰고
색도 옅고 깊고 진하고 담백한 것 중에서
또 꽃과 더불어 서로 반대되는 것을 쓴다.

▨ 꽃을 키우는 데 쓰이는 화분은 그 모양이 높은 것도 있고 낮은 것도 있고 큰 것도 있고 작은 것도 있는데, 꽃의 형태에 맞춰서 알맞은 것을 선택해 쓴다. 색깔 또한 옅은색이 있고 진한색이 있으며 짙은색이 있고 밝은색이 있는데, 꽃의 색과 서로 반대되는 것을 골라 쓰는 것이 좋다.

養花膽甁[1] 其式[2]之高低大小 須與花相稱
而色之淺深濃淡 又須與花相反

1) 膽甁(담병) : 꽃병의 일종으로 모양이 다양하다. 화분.
2) 式(식) : 양식. 모양. 형태.

62. 봄비는 은정을 내리는 조서와 같고

봄비는 은정(恩情)을 내리는 조서(詔書)와 같고

여름비는 죄를 사면해 주는 사서(赦書)와 같고
가을비는 죽은 이를 애도하는 만가(輓歌)와 같다.

▨ 만물이 소생하는 봄에 내리는 비는 임금이 은혜를 베풀어 내리는 조서와 같고 만물이 왕성한 여름에 내리는 비는 죄를 사면해 주는 글과 같이 시원하고 가을에 내리는 비는 죽은 사람을 노래하는 만가(輓歌)와 같이 여겨진다.

春雨如恩詔[1] 夏雨如赦書[2] 秋雨如輓歌[3]

1) 恩詔(은조) : 특별히 은혜를 베풀어 내리는 조서.
2) 赦書(사서) : 죄를 용서해 주기 위하여 내리는 조서.
3) 輓歌(만가) : 상여를 메고 갈 때 부르는 노래. 죽은 사람을 애도하는 노래.

63. 완전한 인간이란

열 살에는 신동이 되고,
스무 살, 서른 살에는 재주있는 사람이 되고,
마흔 살, 쉰 살에는 이름난 신하가 되고,
예순 살에는 신선이 되는 것을 가히 완전한 인간이라고 한다.

▨ 사람이 되어 열 살에는 재주와 지혜가 뛰어나야 하고 스물에서 서른 살에는 재주가 넘치는 젊은이가 되어야 하고 마흔에서 쉰 살에는 사회에 이름을 날리는 사람이 되어야 하고 예순 살에는 사회를 관조(觀照)하고 스승으로써 조언을 할 수 있는 사부(師傅)가 되어야 가히 완성된 인간의 본분을 다한 사람이라 할 것이다.

十歲爲神童[1] 二十三十爲才子[2] 四十五十爲名臣 六十爲神仙[3]
可謂全人[4]矣

1) 神童(신동) : 재주와 지혜가 특별히 뛰어난 아이.
2) 才子(재자) : 재기가 넘치는 사람. 문장에서 번득이는 문채를 구상하는 것.
3) 神仙(신선) : 신선(神仙)의 도를 닦아 도를 통하여 장생불사(長生不死) 하는 사람.
4) 全人(전인) : 완전한 사람. 최고의 지성을 자랑하는 완벽한 사람.

64. 무인(武人)은 구차하게 싸우지 아니하고

무인(武人)은 구차하게 싸우지 아니하니
이것이 무(武) 중에서 문(文)이 되고,
문인(文人)은 세속의 일에 어둡지 않아야 하니
이것이 문(文) 가운데서 무(武)가 되는 것이다.

▨ 진실한 무사(武士)는 아무때나 싸우지 않는 것으로 이것을 무(武) 가운데서 문(文)이라고 이름하는 것이요, 문인(文人)이라면 세속의 일에도 통달하여야 하는 것이므로 이것을 문(文) 가운데서 무(武)라고 이름하는 것이다.

武人不苟戰 是爲武中之文
文人不迂腐[1] 是爲文中之武

1) 迂腐(우부) : 세상의 실정에 어둡고 캄캄하다.

65. 문인이 군사(軍事)를 강론하는 것은

문인(文人)이 군사(軍事)를 강론하는 것은
크게 종이 위의 병법에 관한 것들일 뿐이요,
무장(武將)이 문장을 강론하는 것은
절반이 도청도설(道聽塗說)일 뿐이다.

▨ 글을 하는 선비가 군사(軍事)에 관한 것을 강론하는 것은 책에 써 있는 병법에 관한 것들이 전부요, 늠름한 장수(將帥)가 문장에 관해 강론하는 것의 거의 반은 길거리에서 주워들은 소문을 전하는 것에 불과할 뿐이다.(자기의 직분이 아닌 것을 강의하는 것은 별로 깊은 뜻이 내포되어 있지 않고 그저 그런 것들이라는 뜻.)

文人講武事 大都紙上談兵[1]
武將論文章 半屬道聽塗說[2]

1) 紙上談兵(지상담병) : 병법의 이론. 곧 종이에 쓰여 있는 병서의 일.
2) 道聽塗說(도청도설) : 길거리에서 들은 이야기를 길에서 이야기한다는 뜻으로, 좋은 말을 듣고도 깊이 새기지 않는다는 뜻.

66. 두방(斗方)은 세 종류를 살피는 데 그친다

두방(斗方)은 세 종류를 살피는 데 그친다.
아름다운 시구가 첫번째이고

새로운 제목이 두번째이고
정밀한 양식이 세번째이다.

▨ 대문 앞에 새로이 써 붙이는 양식은 세 가지 종류를 꼭 살피는 것이 있다. 첫째가 아름다운 시구로 되어 있는가요, 둘째는 새로운 시제(詩題)가 합당한 것인가이며, 셋째는 그 양식이 정밀하게 잘 이루어졌는가이다.

斗方[1] 止三種可存 佳詩文一也 新題目二也 精欵式[2]三也
1) 斗方(두방) : 새해에 임하여 새로운 시구로 문앞 대문에 써 붙이는 표어 같은 것. 곧 입춘대길(立春大吉)과 같은 문구의 일종이다.
2) 欵式(관식) : 양식. 곧 건축의 모형이나 서적의 축소본처럼 원래 모양을 줄여서 만드는 형식.

67. 참된 사랑이란 미치는 데 이르러야

정(情)이란 미치는 데 이르러야 비로소 참된 것이요,
재주란 취미도 함께 하여야 비로소 변화되는 것이다.

▨ 사랑한다면 반드시 미칠 수 있는 경지에 도달하여야 진정한 사랑이요, 재주라는 것은 반드시 자신의 뜻(취미)도 함께 하여야 아름답게 변화하는 것이다.

情必近于癡而始眞
才必兼乎趣而始化

68. 꽃빛이 아름다운 것은

아름다운 빛깔을 가진 꽃들은
대다수가 진한 향기를 내뿜지 못하고
여러겹의 꽃잎으로 쌓여 있는 꽃들은
대다수가 열매를 맺지 못한다.
심하다. 완전한 재주를 갖추기 어려움이여!
이 모든 것을 겸한 것은 그 오직 연꽃뿐인가!

▰ 보통 색깔이 아름다운 꽃들은 대다수가 향기가 별로 없다. 꽃잎이 여러겹으로 되어 있는 꽃들은 대다수가 열매를 맺지 못한다. 정도에 지나치구나! 완전무결하기 어려운 것이여! 완전무결한 것은 오직 그 연꽃뿐인가.

凡花色之嬌媚者 多不甚香 瓣之千層[1]者 多不結實 甚矣 全才[2]之難也 兼之者 其惟蓮乎

1) 千層(천층) : 여러겹. 많다는 뜻.
2) 全才(전재) : 완전무결한 재주. 모두 다 갖춘 것.

69. 한 권의 새로운 책을 짓는 것은

한 권의 새로운 책을 짓는 것은
곧 천년을 위한 큰 사업이요,

한 권의 옛 서적에 주석을 다는 것은
참으로 만세(萬世)를 위한 큰 공로이다.

▨ 새로운 한 권의 저서(著書)를 지어내는 것은 곧 천년을 위한 큰 업적을 남기는 것이요, 한 권의 옛 고전에 주석을 다는 것은 만세(萬世)를 위한 큰 공로를 이룩하는 것이다.

著得一部新書 便是千秋大業
注得一部古書 允爲萬世宏功

70. 이름난 스승을 맞아 자제(子弟)를 가르치고

이름난 스승을 맞아 자제(子弟)를 가르치고,
이름난 산에 들어 과거공부를 익히고,
이름난 선비를 불러 문장을 대필시킨다면
세 가지는 다 바로잡을 것이 없네.

▨ 세상에 이름난 선생을 초빙하여 자신의 자식을 가르치고, 명산에 들어가서 과거공부를 하며, 세상의 이름난 선비를 빌려다가 자신의 문장을 대필시킨다면 이상의 세 가지야말로 모두 고칠 것이 없다.

延名師[1] 訓子弟
入名山 習擧業[2]
丐名士 代捉刀[3]
三者都無是處

1) 名師(명사) : 유명한 스승. 고명한 선생님.
2) 擧業(거업) : 과거공부. 곧 지금의 고시공부.
3) 捉刀(착도) : 문장을 대리로 짓게 하는 것.

71. 획을 쌓아서 글자를 이루고

 획을 쌓아 글자를 이루고 글자를 쌓아 글귀를 이루고 글귀를 쌓아 한 편을 이루는 것을 문(文)이라고 이른다. 문체(文體)가 날로 증진하여 팔고(八股)에 이르면 드디어 중지한다.
 고문(古文)과 같고 시와 같고 부(賦)와 같고 사(詞)와 같고 곡조와 같고 설부(說部)와 같고 전기소설(傳奇小說)과 같아 다 없는 것으로부터 있게 되었다. 그 있지 않을 때를 견주어서 진실로 뒤에 오는 것이 이 일체가 있는 것을 헤아리지 못하였다. 이미 이 일체의 뒤가 있는 데 도달하면 또 하늘의 조화와 땅의 베푸는 것 같은 것은 세상에 반드시 물(物)이 있어 응하게 된다.
 그러나 명(明)나라 이래로부터 하나의 체제를 창조하고 사람의 이목을 새롭게 한 자가 있는 것을 보지 못했다. 백년 뒤를 아득히 계산한다면 반드시 그 사람이 있을 것이다. 애석하구나. 그것을 보지 못하는 것이 …….

 ▨ 한 획(一劃) 한 획이 쌓여서 글자 하나를 이루고 한 글자 한 글자가 쌓여서 한 구절을 이루고 한 구절 한 구절이 쌓여서 한 편의 글이 이루어지는데 이것을 '문(文)'이라고 한다. 문장의 체제가 날로 증가하여 여덟 가지의 문체에 이르면 드디어 중지된다. 옛날의 글자와

같고 시와 같고 시구(詩句)를 구사하여 감상을 진술하는 미구(美句)와 같고 당(唐)나라 때 시작된 악부(樂府)의 한 체와 같으며 하나의 곡조와 같으며 수필잡저(隨筆雜著)와 같으며 기이한 것을 전하는 소설과 같아 다 없는 것에서부터 유래한 것이다. 이러한 것들이 있지 않았을 때를 비교하여 진실로 뒤에 오는 하나의 체제가 있다는 것을 헤아리지 않은 것이다. 이러한 한 체제가 뒤에도 있다는 것에 미쳤더라면 또 하늘이 조화를 부리고 땅이 베풀어서 세상에서는 반드시 다 사물이 있게 되는 것과 같다. 그러나 명(明)나라 이후에서부터는 하나의 체제를 창안하여 사람의 귀와 눈을 새롭게 한 사람들이 있는 것을 보지 못하였다. 앞으로 백년의 뒤를 계산한다면 반드시 그런 사람이 있을 것이다. 그러나 애석하구나. 그런 사람들을 보지 못하는 것이여.

積畵以成字 積字以成句 積句以成篇 謂之文 文體日增 至八股[1]而遂止
如古文[2] 如詩 如賦[3] 如詞[4] 如曲[5] 如說部[6] 如傳奇小說[7] 皆自無而有 方其未有之時 固不料後來之有此一體也 逮旣有此一體之後 又若天造地設 爲世必應有之物
然自明以來 未見有創一體裁新人耳目者 遙計百年之後 必有其人 惜乎 不及見耳

1) 八股(팔고) : 명(明)나라 중엽 이후에 관리의 등용시험에서 쓰이던 문체. 그 결구는 대구법에 의거하여 여덟으로 나누어졌다.
2) 古文(고문) : 당(唐)나라 이후의 고체(古體) 산문(散文).
3) 賦(부) : 운문(韻文)의 한 체. 사구(辭句)를 구사하여 자신의 감상을 구사(驅使)하는 아름다운 글.
4) 詞(사) : 당(唐)나라 때에 시작된 악부(樂府)의 한 체.
5) 曲(곡) : 노래 가락. 노래의 가사.

6) 說部(설부) : 수필이나 잡저(雜著)의 총칭.
7) 傳奇小說(전기소설) : 기이한 것을 기록한 소설. 당(唐)나라시대에서부터 시작되었다.

72. 구름에 해가 비치면 노을이 이루어지고

구름에 해가 비치면 노을이 이루어지고
솟아오르는 샘에 바위가 걸치면 폭포가 된다.
의탁하는 데 따라 달라지고 이름도 또한 비롯되는 것.
이것이야말로 친구 사귀는 도리에서 귀히 여긴다.

▨ 구름 위에 햇빛이 비치면 아름다운 노을이 이루어지고 샘물이 흐르는 곳에 거대한 바위의 군상이 이루어지면 밑에는 폭포가 이루어진다. 이것은 의탁하는 것에 따라서 달라지는 것이며 이름도 또한 따라서 비롯되는 것이다. 이것으로 보면 친구를 사귀는 도도 우정을 귀하게 여기는 것이다.

雲映日而成霞 泉挂巖[1]而成瀑[2] 所托者異 而名亦因之 此友道[3]之所以可貴也

1) 巖(암) : 거대한 바위. 바위산.
2) 瀑(폭) : 폭포.
3) 友道(우도) : 벗과 사귀는 도리. 우정.

73. 호랑이를 그리려다 개를 그린다

　대가(大家)의 글을 나는 좋아하고 흠모하며 배우기를 원한다. 명가(名家)의 글을 나는 좋아하고 흠모하지만 나는 감히 배우고 싶지는 않다.
　대가를 배우고도 얻지 못하면 이른바 고니를 새기려다 이루지 못하고 오히려 집오리와 같게 된다.
　명가를 배우고도 얻지 못하면 이것은 호랑이를 그리려다 이루지 못하고 도리어 개와 같게 된다.

　▨ 학문이 뛰어난 가문의 문장은 내가 좋아하고 또 흠모하여 나 자신이 배우는 것을 원하는 것이요, 이름난 가문의 문장은 내가 좋아하고 흠모하지만 실제로 배우고 싶지는 않다. 왜냐하면 학문이 뛰어난 집안의 문장은 배우고 완성하지 못하면 고니를 새기려다 잘못 새기면 오히려 집오리라도 되는 것과 같지만, 이름난 가문의 문장을 배우고 완성하지 못하면 이것은 호랑이를 그리려다 잘못 그리면 도리어 개가 되는 것과 같기 때문이다.

　大家[1]之文 吾愛之慕之 吾願學之
　名家[2]之文 吾愛之慕之 吾不敢學之
　學大家而不得 所謂刻鵠不成 尙類鶩[3]也
　學名家而不得 則是畫虎不成 反類狗[4]也

1) 大家(대가) : 학문이 뛰어난 집안. 곧 학문을 많이 한 사람.
2) 名家(명가) : 유명한 문장으로 세상에 이름을 날린 집안.

3) 刻鵠不成尙類鶩(각곡불성상류무) : 고니를 그리려다 이루지 못하면 집안의 오리라도 된다.
4) 畫虎不成反類狗(화호불성반류구) : 호랑이를 그리려다 이루지 못하고 도리어 개가 된다. 곧 닮아가려다가 잘못된다는 뜻.

74. 계율(戒律)로 말미암아 정(定)하는 것을 얻고

계율(戒律)로부터 정(定)하는 것을 얻고
정(定)하는 것으로부터 슬기를 얻어
힘써 행하면 점점 자연에 가까워질 것이다.
정(精)을 연마하여 기(氣)로 변화하고
기(氣)를 단련하여 신묘한 것으로 변화하면
맑고 빈 것에 무슨 찌꺼기가 있겠는가?

▧ 중들이 지키는 계율로써 마음을 조용히 가다듬어 진리를 직관하는 것을 얻고 마음을 조용히 가다듬어 진리를 직관하는 것으로써 슬기로운 지혜를 얻어 힘써 행동하면 점점 자연과 가까워지리라. 정묘한 마음을 단련하여 기운으로 변화시키고 기운을 단련하여 영묘한 것으로 변화시키면 맑고 깨끗하게 비어 있어 무슨 찌꺼기가 있겠는가?

由戒[1]得定[2] 由定得慧[3] 勉强[4]漸近自然
鍊精化氣 鍊氣化神 淸虛[5]有何渣滓

1) 戒(계) : 중들이 지키는 계율.
2) 定(정) : 마음을 조용히 가다듬고 진리를 직관하다. 선정(禪定).

3) 慧(혜) : 슬기로운 지혜.
4) 勉强(면강) : 힘써 행하다. 강요로 하다.
5) 淸虛(청허) : 청정한 경지.

75. 남쪽과 북쪽과 동쪽과 서쪽은

남쪽과 북쪽과 동쪽과 서쪽은 일단 정해진 위치다.
앞과 뒤와 좌와 우는 정해진 것이 없는 위치다.

▨ 남쪽과 북쪽과 동쪽과 서쪽의 사방은 일정하게 정해진 위치이고, 앞쪽과 뒷쪽, 왼쪽과 오른쪽은 일정하게 정해져 있지 않고 사람의 움직임에 따라 항상 변하는 위치이다.

南北東西 一定[1]之位也
前後左右 無定[2]之位也

1) 一定(일정) : 한번 정해지다. 확정되어지다.
2) 無定(무정) : 정해지지 않다.

76. 이씨(二氏)는 가히 폐하지 못한다

나는 일찍이 이르기를 '이씨(二氏 : 도교와 불교)는 가히 폐하지 못한다.' 했다. 대서 이것은 내양세원(大養濟院)의 진부한 말을 물려받아서 그러한 것은 아니다.
대개 명산(名山)이나 좋은 경치는 우리들이 매일 바지를 걷어 올리고 나아가기를 생각한다. 설사 임궁(琳宮)이나 범찰(梵刹)이 아니면 고달플 때 가히 발을 들여놓지 못하고 배고플 때 누가 더불어 음식을 줄 것인가. 홀연히 거센 바람과 폭우가 있으면 오대부(五大夫 : 소나무)에게 과연 진실로 족히 믿어 의지할 것인가. 혹 언덕이나 구렁의 깊은 곳에서 하루라도 가히 끝내지 못하니 어찌 능히 길거리에서 잠자고 다음 날을 기다릴 것인가. 범과 표범과 뱀과 살무사가 능히 사람에게 우환이 되지 않는 것을 어찌 보장하랴. 또 혹은 사대부(士大夫)의 소유가 되었는데 과연 능히 그 주인에게 묻지 않고 내가 그곳에 오르고 그곳들을 마음대로 한다고 하더라도 금지하지 아니할 것인가. 이것에만 특별한 것이 아니다. 갑(甲)이 소유한 것을 을(乙)이 일어나 빼앗을 것을 생각하는데 이것은 다투는 단서를 열어주는 것이다. 조부께서 창건한 것을 자손이 가난하여 힘으로는 능히 수선하고 관리하지 못하여 그 기울어져 무너지는 형상이 도리어 족히 산천이 빛바랜다고 할 것이다. 그러나 이것은 특별히 이름난 산과 아름다운 경치에 나아가서만 말한 것이다.

성안의 거리에서나 또한 사방으로 통한 사거리에 나아가면 또한 이러한 동일한 종류가 적지 않다. 손님이 유람하고 가히 머무를 곳을 만드는 것이 하나요, 먼 길에 조금 쉬어 가도록 하는 것이 두번째요, 여름에는 차를 마시고 겨울에는 생강차를 마시며 다시 노역하고 짐을 진 사람의 피곤함을 구제해 주는 것이 세번째이다.

무릇 이것은 다 사리로써 말하는 것이요, 이씨(二氏)의 복을 갚는다는 말은 아니다.

▨ 나는 일찍부터 불교나 도교(道敎)는 가히 없애지 못한다고 했다. 이것은 내가 대양제원(大養濟院)의 고리타분한 말에 영향을 받아서 한 말은 아니다. 대개 이름난 산이나 아름다운 경치에는 우리들이 매일 아무때나 가고 싶어하는 것이다. 도교(道敎)의 법당이나 불교의 사찰이 아니라면 고달프고 피곤할 때 쉴 곳이 없고 배고프고 어려울 때 누가 음식이라도 줄 것인가. 홀연히 강풍이나 폭풍우를 만나면 소나무가 과연 그것을 막아줄 수 있을까. 혹 언덕이나 구릉이나 깊은 곳에서 하루를 견디지 못할 것이니 어떻게 길거리에서 잠을 자고 다음 날을 기다릴 것인가. 호랑이나 표범이나 뱀이나 살무사가 사람을 해치는 것을 막을 수 있을 것인가. 또 혹은 사대부(士大夫)가 소유한 곳에 과연 주인의 허락없이 내 마음대로 그곳에 오르고 그곳에 몸을 의탁한다면 금지하지 아니할 것인가. 특별히 이것만은 아니다. 갑(甲)이 소유한 것을 을(乙)이 빼앗으려고 하므로 분쟁의 실마리가 시작된다. 조부가 좋은 건물을 지어 물려 주었더라도 자손이 가난하여 그 자손의 힘으로는 수선하고 관리하지 못하면 그 무너져가는 형상은 산천이 퇴색되어 가는 것과 같다. 그러나 이것은 특별히 이름난 산이나 아름다운 경치에 한해서 말한 것이다. 도성의 거리와 또 사방으로 통한 사거리에 가보면 또한 이와 같은 것이 적지 않다. 손님이 유람와서 숙박소를 짓는 것이 그것의 하나요, 먼 길을 가는데 잠시 쉬었다 가는 것이 그것의 두번째요, 여름에는 차를 마시고 겨울에는 펄펄 끓는 생강차를 마시고 또 노동하는 인부와 짐을 지고 머리에 인 아낙네의 피로를 풀어주는 것이 그 세번째이다. 이러한 것들은 모두 있는 그대로의 실상을 말한 것이요, 불교나 도교의 복을 받고 은덕을 갚는 실에서 기인힌 것은 이니다.

予嘗謂 二氏[1]不可廢 非襲夫大養濟院[2]之陳言也

蓋名山勝境 我輩每思褰裳就之 使非琳宮梵刹[3] 則倦時無可
駐足 飢時誰與授餐 忽有疾風暴雨 五大夫[4]果眞足恃乎 又或邱
壑深邃 非一日可了 豈能露宿以待明日乎 虎豹蛇虺 能保其不
爲人患乎 又或爲士大夫所有 果能不問主人 任我之登陟憑弔[5]
而莫之禁乎 不特此也 甲之所有 乙思起而奪之 是啓爭端[6]也
祖父之所創建 子孫貧 力不能修葺 其傾頹之狀 反足令山川減
色[7]矣 然此特就名山勝境言之耳
卽城市之內與夫四達之衢[8] 亦不可少此一種 客遊 可作居停[9]
一也 長途 可以稍憩 二也 夏之茗 冬之薑湯 復可以濟役夫負
戴[10]之困 三也
凡此皆就事理言之 非二氏福報[11]之說也

1) 二氏(이씨) : 노자(老子)와 석가(釋迦). 곧 도교(道敎)와 불교(佛敎).
2) 大養濟院(대양제원) : 가난한 사람을 구제하는 곳. 불교에서 가난한 사
   람이나 병자들을 돌보는 장소.
3) 琳宮梵刹(임궁범찰) : 임궁은 도교의 절. 범찰은 불교 사찰.
4) 五大夫(오대부) : 소나무의 별칭. 진(秦)나라 시황(始皇)이 갑자기 비를
   만나 폭우를 피한 소나무로 그후 진시황이 이 나무를 오대부로 봉하여
   붙여진 이름.
5) 登陟憑弔(등척빙조) : 등척은 그곳을 오르다. 빙조는 마음을 의지하고
   위로하다의 뜻.
6) 爭端(쟁단) : 싸움의 발단. 싸움의 시작.
7) 減色(감색) : 색이 퇴색하다. 곧 피폐해지다.
8) 四達之衢(사달지구) : 사방으로 길이 나 있는 거리. 지금의 로터리.
9) 居停(거정) : 여인숙. 사람이 쉬어갈 수 있는 곳.
10) 負戴(부대) : 남자는 등에 짊어지고 여자는 머리에 이고 다는 것.
11) 福報(복보) : 복으로 갚다. 곧 불교나 도교에서 좋은 일을 하면 복을 받

는다는 설의 뜻.

77. 비록 글〔書〕은 잘 하지 못하지만

비록 글은 잘 하지 못하지만
붓과 벼루는 정교하지 않을 수 없는 것이며,
비록 의원을 업으로 삼지 않지만
경험방을 보존하지 않을 수 없는 것이며,
비록 바둑을 일삼지는 않지만
바둑판은 비치하지 않을 수 없는 것이다.

▨ 글을 가까이 하는 사람이라면 비록 글을 잘 하지는 못할지라도 붓과 벼루는 갖춰 두어야 하고, 의원은 아니더라도 항상 관례대로 지켜오는 처방을 항상 보존하여 두어야 하고, 바둑을 직업으로 삼지 않더라도 손님이 오면 접대용으로 바둑판과 돌을 갖추어 놓아야 한다는 것이다.

雖不善書 而筆硯不可不精
雖不業醫 而驗方[1]不可不存
雖不工弈[2] 而楸枰[3]不可不備

1) 驗方(험방) : 오랜 시험을 거쳐 확인된 처방. 곧 잘 알려진 약의 처방문.
2) 弈(혁) : 바둑. 장기 따위.
3) 楸枰(추평) : 바둑판과 바둑알.

78. 세속의 테 밖에서는

방외(方外)에서는 반드시 술을 경계하지 않지만
다만 모름지기 풍속을 경계하는 것이요,
홍군(紅裙)에서는 반드시 글이 통하지 아니하나
다만 모름지기 취향을 얻을 뿐이다.

▨ 세속의 테두리 밖에서는 반드시 술을 경계하지 아니하나 그 속의 계율은 반드시 경계하는 것이요, 기생촌에서는 반드시 글은 통하지 않으나 자신이 뜻하는 것을 얻을 뿐이다.

方外[1]不必戒酒 但須戒俗
紅裙[2]不必通文 但須得趣

1) 方外(방외) : 세속의 테두리 밖. 곧 종교의 집단 속.
2) 紅裙(홍군) : 기생촌. 기생. 미인의 총칭.

제2부
달과 꽃과 미인

꽃을 심는 것은
모름지기 그 피어나는 것을 보려는 것이요,
달을 기다리는 것은
모름지기 그 보름달을 보려는 것이요,
글을 짓는 것은
모름지기 그 이룬 것을 보려는 것이요,
아름다운 여인은
모름시기 그 화락한 것을 보려는 것이요,
바야흐로 실제가 있고
그렇지 않으면 헛된 말이 된다.

1. 매화나무 곁의 돌은 옛스러운 것이 마땅하고

매화나무 곁의 돌은 옛스러운 것이 마땅하고,
소나무 아래 돌은 보잘것없는 것이 마땅하고,
대나무 옆의 돌은 파리하여야 마땅하고,
화분 안의 돌은 예쁘장하여야 마땅하다.

▨ 운치가 있는 매화나무 곁의 돌이라면 마땅히 고풍스러워야 하고, 늙은 소나무 아래의 돌은 올망졸망하고 보잘것없는 것이 알맞고, 바람에 흔들거리는 대나무 곁의 돌은 마땅히 파리하고 수척하여야 하고, 꽃이 있는 화분 안의 돌은 마땅히 아름답고 교묘하여야 한다.

梅邊之石宜古
松下之石宜拙
竹傍之石宜瘦
盆內之石宜巧

2. 세상에 처하여서는 봄의 기운을 찬다

자신을 단속하는 데는 마땅히 가을 기운을 차고,
이 세상에 살면서는 마땅히 봄의 기운을 찬다.

▨ 자기 자신을 수양하는 데 있어서는 마땅히 서늘한 가을 기운과 같이 엄격해야 하고, 이 세상을 살아갈 때에는 마땅히 온화한 봄 기운과 같이 따뜻해야 한다.

律己[1]宜帶秋氣
處世[2]宜帶春氣

1) 律己(율기) : 자기 자신을 잘 단속하다. 자신의 수양.
2) 處世(처세) : 이 세상을 살아가는 것.

3. 세금 독촉하는 사람의 뜻을 거슬리기 싫으면

세금 독촉하는 사람의 뜻을 거슬리기 싫으면
빨리 빨리 세금을 완납하는 것이 마땅하고,
늙은 중의 선(禪) 이야기를 즐거워하면
항상 보시(布施)하는 것을 면하기가 어렵다.

▨ 세금을 징수하는 사람의 환심을 사려면 빨리 빨리 세금을 완납하는 것이 방법이요, 늙은 중의 선담을 즐기려면 날마다 보시(布施)를 하여야 한다.

厭催租[1]之敗意[2] 亟宜早早完糧
喜老衲[3]之談禪 難免常常布施[4]

1) 催租(최조) : 조세의 납입을 독촉하는 사람. 세금 징수인.
2) 敗意(패의) : 속을 썩이다. 말을 잘 듣지 않아 속이 썩다.
3) 老衲(노납) : 늙은 중. 곧 스님.

4) 布施(포시) : 탐욕이 없는 깨끗한 마음가짐으로 중에게 금품을 베풀어 주다. 보시라고도 한다.

4. 소나무 아래에서 거문고소리를 듣고

소나무 아래에서 거문고소리를 듣고
달빛 아래에서 퉁소소리를 듣고
산의 계곡에서 폭포소리를 듣고
산 속에서 불경 읽는 소리를 들으면
귀 속에 각별히 동일하지 않다는 것을 깨달으리.

▨ 늙은 소나무 아래서는 거문고 타는 소리를 들어 보고 달밤에 달빛 아래서는 퉁소 부는 소리를 들어 보고 산골물이 흐르는 물 옆에서 폭포소리를 들어 보고 산 속에서는 불경 외는 소리, 목탁 소리를 들어보면 귀 속에서도 별도로 그 소리가 동일하지 않다는 무한한 것을 깨달을 수 있을 것이다.

松下聽琴 月下聽簫 澗邊聽瀑布 山中聽梵唄[1] 覺耳中別有不同

1) 梵唄(범패) : 불경을 외우며 목탁치는 소리. 곧 인도의 노래라고도 한다.

5. 달빛 아래서 미인을 마주하면

달빛 아래 선(禪)을 들으면 정취가 더욱 심원하고,
달빛 아래 검(劍)을 이야기하면 간담이 더욱 참되고,

달빛 아래 시(詩)를 논하면 풍치(風致)가 더욱 그윽해지고,
달빛 아래 미인과 마주하면 정의(情意)가 더욱 두터워지리.

▨ 밝은 달빛 아래서 부처의 선(禪)을 듣는다면 자신의 정취가 멀리까지 이르고, 밝은 달빛 아래서 검술에 관한 것을 이야기 한다면 간담이 더욱 진지하게 되고, 밝은 달빛 아래서 시를 논란하게 되면 운치가 더욱 그윽하여지는 것이요, 밝은 달빛 아래서 미인과 마주 앉게 되면 정다운 것이 더욱 두터워질 것이다.

月下聽禪 旨趣[1]益遠
月下說劍 肝膽益眞
月下論詩 風致益幽
月下對美人 情意益篤

1) 旨趣(지취) : 자신의 의지. 마음의 정취.

6. 땅 위에 산과 물이 있는 것은

땅 위에 산과 물이 있고
그림 위에 산과 물이 있고
꿈 속에 산과 물이 있고
가슴 속에 산과 물이 있다.
'땅 위라는 것' 은
신묘한 것이 언덕과 구릉의 깊고 깊은 것에 있고
'그림 위라는 것' 은
신묘한 것이 붓에 묻혀진 먹물이 방울져 떨어지는 것에 있고

'꿈 속이라는 것'은
신묘한 것이 아름다운 경치의 변화에 있고
'가슴 속이라는 것'은
신묘한 것이 제 위치에서 기색이 태연한 모양에 있다.

▨ 땅 위에 위치한 산과 물이 있고 그림 위에 위치한 산과 물이 있으며 꿈 속에 위치한 산과 물이 있고 가슴 속에 위치한 산과 물도 있다. 땅 위에 있는 산과 물이란 언덕과 구릉이 깊고 깊은 것에 그 신묘함이 있는 것이요, 그림 위에 있는 산과 물이란 붓과 먹이 어우러져 먹물의 농담으로 이루어지는 얼룩에 그 묘미가 있고, 꿈 속에 있는 산과 물이란 꿈 속에서 경치가 천태만상으로 변화하는데 그 묘미가 있는 것이며, 가슴 속의 산과 물이란 가슴이 제자리에 위치하였으면서도 기색이 태연한 모습에 그 신묘한 것이 있는 것이다.

　有地上之山水　有畫上之山水　有夢中之山水　有胸中之山水
　　地上者　妙在邱壑深邃　畫上者　妙在筆墨淋漓[1]　夢中者　妙在景象[2]變幻　胸中者　妙在位置自如[3]

1) 淋漓(임리) : 피나 또는 땀방울이 줄줄 흐르는 모양.

2) 景象(경상) : 아름다운 경치.

3) 自如(자여) : 자약(自若)과 같다. 기색이 태연한 모양.

7. 일일(一日)의 계획은 파초를 심는 것

하루의 계획은 파초를 심고
한 해의 계획은 대나무를 심고

십 년의 계획은 버드나무를 심고
백 년의 계획은 소나무를 심는다.

▨ 하루의 계획을 세우는 데는 파초를 심는 것이요, 한 해의 계획을 세우는 데는 대나무를 심는 것이요, 십 년의 계획을 세우는 데는 버드나무를 심는 것이요, 백 년의 계획을 세우는 데에는 소나무를 심는 것이다.

一日之計種蕉 一歲之計種竹 十年之計種柳 百年之計種松

8. 봄비는 책을 읽는데 알맞고

봄비는 책을 읽는 데 알맞고,
여름비는 바둑이나 장기를 두는 데 알맞고,
가을비는 겨울 준비에 알맞고,
겨울비는 술을 마시기에 알맞네.

▨ 촉촉한 봄비가 내리면 책을 읽는 데 적당하고, 여름철의 쏟아지는 비에는 바둑이나 장기 두는 것이 알맞으며, 지루하게 내리는 가을비는 겨울 준비에 적당하고, 질척질척 내리는 겨울비는 술을 마시기에 적당하다.

春雨宜讀書
夏雨宜奕棋[1]
秋雨宜檢藏[2]

冬雨宜飮酒
1) 奕棋(혁기) : 바둑이나 장기 놀이.
2) 檢藏(검장) : 자세한 뜻은 미상. 단 겨울 준비 하는 것이 아닌가 한다.

9. 시와 글의 체제는 가을의 기운을 얻어야

시와 글의 체제는 가을의 기운을 얻어야 아름답고,
가사와 곡조의 체제는 봄의 기운을 얻어야 아름답네.

▨ 시나 글의 모양이란 서늘한 가을의 기운을 체득하여야 아름답게 이루어지고, 노래의 가사나 곡조의 모양이란 화창한 봄의 기운을 체득하여야 아름답게 이루어진다.

詩文¹⁾之體 得秋氣爲佳
詞曲²⁾之體 得春氣爲佳

1) 詩文(시문) : 시의 글 체제. 사군자(士君子)가 표현하는 예술의 문체.
2) 詞曲(사곡) : 당(唐)나라 때에 시작한 악부(樂府)의 한 체(體). 또 일설에는 송(宋)나라 때에 사(詞)라고 하고 원(元)나라 때에 곡(曲)이라고도 한다.

10. 완전하고 신묘한 것을 구하지 않을 수 없는 것

글을 베끼는 붓과 먹이라면
반드시 그 아름다운 것을 구하는 데 지나지 않지만

겸소(縑素)를 자랑하는 것은
가히 그 아름다운 것을 구하지 않을 수 없네.
외우고 읽는 책이라면
반드시 그 완비된 것을 구하는 데 지나지 않지만
참고하는 데 이바지하려 한다면
가히 그 완비된 것을 구하지 않을 수 없네.
유람하는 산과 물은
반드시 그 신묘한 것을 구하는 데 지나지 않지만
살 만한 곳을 찾는다면
가히 그 신묘한 것을 구하지 않을 수 없다네.

▨ 글자를 필사(筆寫)하는데 쓰는 붓이나 먹이란 아름다운 것을 구하는 데 불과하나 합사로 짠 비단에 글씨를 써서 자랑하려면 지극히 아름다워야만 하는 것이요, 내용을 외고 읽는 책이란 그냥 갖추어져 있으면 되지만 조사 연구하는 데 도움이 되는 책이라면 모든 것이 완비되어야 하는 것이요, 산이나 강을 유람하는 데에는 신묘한 경치를 보는 데 불과하지만 만일 자신이 사는 집터를 구한다면 그것은 신묘한 터가 아니면 안되는 것이다.

抄寫之筆墨 不必過求其佳 若施之縑素[1] 則不可不求其佳
誦讀之書籍 不必過求其備 若以供稽考[2] 則不可不求其備
遊歷之山水 不必過求其妙 若因之卜居[3] 則不可不求其妙

1) 縑素(겸소): 합사로 짠 흰비단이며, 서화(書畵)를 하는데 쓰인다.
2) 稽考(계고): 조사 연구하는 데 참고하는 책.
3) 卜居(복거): 살 만한 집터를 찾다. 살 만한 곳을 점을 쳐서 찾다.

11. 사람이 알지 못하는 것이 있다

사람이 성현(聖賢)이 아닌 바에야
어찌 능히 알지 못하는 것이 없으랴.
다만 그 하나만을 알고 오직 그 하나에 그칠까 두려워하여
다시 그 둘을 알기를 구하는 자는 제일 윗사람이요,
그 하나만을 아는데 그치고 다른 사람의 말로 말미암아
비로소 그 둘이 있는 것을 아는 자는 그 다음 사람이요,
그 하나만 아는데 그치고 다른 사람이 그 둘이 있다고 말해도
믿지 아니하는 자는 또 그 다음 사람이요,
그 하나만을 아는데 그치고 다른 사람의 그 둘이 있다는 말을
싫어하는 자는 아래의 아래 사람이다.

▨ 인간이란 성인(聖人)이나 현인(賢人)이 아닌 이상 알지 못하는 것이 있기 마련이며 신(神)이 아닌 이상 모르는 것이 항상 있을 수 있다. 그런 알지 못하는 것이 있는 사람 중에서 오직 그 하나만을 알고는 그 하나만 아는 것에 고착될까 두려워하여 다시 그 둘을 알려고 하는 사람은 제일 상위의 사람이다. 오직 그 하나만을 알고 있다가 다른 사람의 말을 듣고 그 둘도 있다는 것을 처음으로 깨달은 사람은 그 다음의 사람이요, 오직 그 하나만을 알고는 사람들이 그 둘도 있다고 말하는데도 믿지 않는 사람은 그 다음 다음의 사람이요, 오직 그 하나만을 알고는 사람늘이 그 둘도 있다고 말하는 것을 싫어하는 사람은 하등에서도 하등인이다.

人非聖賢 安能無所不知
祇知其一 惟恐不止其一 復求知其二者 上也
止知其一 因人言 始知有其二者 次也
止知其一 人言有其二 而莫之信者 又其次也
止知其一 惡人言有其二者 斯下之下矣

12. 사관(史官)이 기록하는 것이란

사관(史官)이 기록하는 것은 일직선의 세계요,
직방(職方)이 등재하는 것은 가로로 된 세계라네.

▨ 중국의 역사를 기록하는 담당 관리는 일직선의 세계만을 기록하는 것이요, 천하의 지도와 토지에 관한 일을 맡은 관리는 수평적인 세계를 기록하는 것이다.

史官[1]所紀者 直世界[2]也
職方[3]所載者 橫世界[4]也

1) 史官(사관) : 역사를 기록하는 관리. 중국에서 역사를 담당하는 관리로 군주를 중심으로 한 사실을 기록한다.
2) 直世界(직세계) : 종적인 세계. 수직적인 것.
3) 職方(직방) : 주(周)나라시대의 관직 이름. 천하의 지도와 토지에 관한 일을 맡음.
4) 橫世界(횡세계) : 수평적인 세계. 횡적인 세계.

13. 선천(先天)의 팔괘(八卦)는

선천(先天)의 팔괘(八卦)는 직립(直立)하여 보는 것이요,
후천(後天)의 팔괘(八卦)는 수평(水平)으로 보는 것이다.

▨ 사람이 세상에 태어나기 전의 팔괘는 수직적으로 본 것이요, 이 세상에 태어난 뒤의 팔괘는 세계를 수평적으로 본 것이다.

先天八卦[1] 竪看者也
後天八卦[2] 橫看者也

1) 先天八卦(선천팔괘) : 사람이 세상에 태어나기 전의 팔괘. 곧 복희(伏羲) 씨가 창안한 여덟 개의 괘.
2) 後天八卦(후천팔괘) : 이 세상에 사람이 살아가면서 만든 팔괘. 곧 주(周)나라 문왕(文王)이 만들었다는 여덟 개의 괘.

14. 책을 보기는 어렵지 않지만 읽기는 어렵다

책을 간직하는 것은 어렵지 않으나
능히 보는 것이 어려운 것이요,
책을 보는 것은 어렵지 않지만
능히 읽는 것이 어려운 것이요,
책을 읽는 것은 어렵지 않지만
능히 사용하는 것이 어려운 것이요,

능히 사용하는 것은 어렵지 않지만
능히 기록하는 것이 어려운 것이라네.

▨ 사람들이 책을 보관하는 것은 어렵게 여기지 않지만 그것을 보는 것은 어렵게 여기고, 책을 보는 것은 어렵게 여기지 않지만 그것을 읽는 것을 더 어렵게 여기고, 책을 읽어 보는 것은 어렵지 않다고 하더라도 그 내용을 실천하는 것을 더 어렵게 여기고, 또 그것을 실천하는 것을 어렵지 않게 여기더라도 기록하고 남기는 것을 더 어렵게 여기고 있다. 저술의 어려움을 설명한 것이다.

藏書不難 能看爲難
看書不難 能讀爲難
讀書不難 能用爲難
能用不難 能記爲難

15. 자기를 알아주는 아내 구하기는 어렵다

자기를 알아주는 벗을 구하기는 쉽고,
자기를 알아주는 아내나 애인을 구하기는 어렵네.
자신을 알아주는 임금이나 신하를 구하는 것은
더더욱 어렵고 어렵다네.

▨ 인간이란 자기 자신을 알아주는 벗은 아무 이해관계 없는 친구 사이에서 한 둘은 있게 마련으로 구하기가 쉬운 것이요, 자신을 이해하고 자신의 일을 도울 수 있는 아내나 애인을 구하는 일은 극

히 어려운 것이다. 또 세상에 자신의 기개를 펼 수 있도록 해주는 임금이나 자신을 알아주는 신하를 구하는 것은 권력과 관계가 있으므로 더욱 더 어려운 것이다.

　求知己¹⁾於朋友易 求知己於妻妾難
　求知己於君臣 則尤難之難
1) 知己(지기) : 서로 마음을 알아 뜻이 잘 통하는 벗.

16. 어떤 이를 선인(善人)이라고 이르는가?

　누구를 선인(善人)이라고 이르는가?
　세상에 해로움이 없는 자를 선인(善人)이라고 이른다네.
　누구를 악인(惡人)이라고 이르는가?
　세상에 해로움이 있는 자를 악인이라고 이른다네.

　▨ 이 세상에서는 어떤 사람을 착한 사람이라고 하는가. 이 세상에 손해를 끼치지 않은 사람을 선인이라고 이름한다. 이 세상에서는 어떤 사람을 악인이라고 부르는가. 이 세상에 해악을 끼치는 사람을 악인이라고 부른다.

　何謂善人 無損於世者 則謂之善人
　何謂惡人 有害于世者 則謂之惡人

17. 무엇을 복(福)이라고 이르는가

공부라는 것이 있는데
책을 읽는 것을 복(福)이라고 하고,
역량(力量)이라는 것이 있는데
사람을 구제하는 것을 복이라고 하고,
학문(學問)이라는 것이 있는데
저술(著述)하는 것을 복이라고 하고,
옳고 그른 것이 없이
좋은 말만 귀에 이르는 것을 복이라고 하고,
많이 듣고
곧은 좋은 친구를 둔 것을 복이라고 한다.

▨ 사람이 공부하는 것이 있는데 자신의 취향에 맞는 책을 읽을 수 있는 것을 복이라고 한다. 사람이 능력이란 것이 있는데 자신의 능력으로 사람을 구제해 줄 수 있는 기회가 와 구제해 주는 것을 복이라고 한다. 사람에게 학문이라는 것이 있는데 그 학문에 관한 책을 저술할 수 있는 것을 복이라고 한다. 또 뭇사람들의 시시비비를 가리는 싸움이 없이 좋은 말만 자신의 귀에 이르는 것을 복이라고 한다. 또 많이 듣고 진실한 벗이 있는 것을 복이라고도 한다.

有工夫[1]讀書謂之福
有力量濟人謂之福
有學問著術謂之福

無是非到耳謂之福
有多聞直諒²⁾之友謂之福

1) 工夫(공부) : 학문이나 기술이나 또는 시험에 응시하기 위한 것의 총칭.
2) 直諒(직량) : 정직하고 성실한 것.

18. 천하의 즐거움이란

사람이 한가하면 즐겁지 않은데
할 일을 하는 것이 없는 것을 이른 것은 아니라네.
한가하면 독서를 하고,
한가하면 명승지를 유람하고,
한가하면 유익한 벗을 사귀고,
한가하면 술을 마시고,
한가하면 저술을 할 것이니
천하의 즐거움이 이보다 큰 것이 무엇인가.

▨ 사람이란 할 일이 없이 한가하면 즐거움이 없다. 이 세상에 할 일이 없는 것은 아니다. 시간이 나면 책이라도 읽을 것이며, 시간이 나면 명승지라도 관람할 것이며, 시간이 나면 좋은 벗이라도 사귈 것이며, 시간이 나면 술이라도 마실 것이며, 시간이 나면 많은 저서를 쓸 것이다. 이 세상의 진실한 즐거움이 이보다 더 큰 것이 있을 수 있겠는가?

人莫樂於閒 非無所事事¹⁾之謂也
閒則能讀書

閒則能遊名勝
閒則能交益友
閒則能飮酒
閒則能著書
天下之樂 孰大於是

1) 事事(사사) : 할 일을 하다.

19. 문장은 책상 위의 산과 물이다

문장이란 이 책상 위의 산과 물이요,
산과 물은 이 땅 위의 문장이다.

▨ 문장이란 책상머리에 있는 산이나 물이라고 할 수 있고, 아름다운 산이나 맑은 물은 땅 위의 아름다운 문장이라고 할 수 있다.

文章是案頭¹⁾之山水
山水是地上之文章

1) 案頭(안두) : 책상 위. 또는 책상 앞.

20. 평성 상성 거성 입성은

평성(平聲) 상성(上聲) 거성(去聲) 입성(入聲)은 일정하게 정해진 지극한 이치이다. 그러나 입성(入聲)의 글자는 적다.
무릇 글자라는 것은 다 사성(四聲)이 있는 것이라고 할 수 없다. 세상에서 평자(平字 : 平韻)와 측자(仄字 : 仄韻)를 조화시킨 자는 입성(入聲)의 그 글자가 없는 것을 탄식하여, 왕왕(往往) 서로 합치하지 않는 소리를 그 아래에 붙여서 종속하게 만들었다.

진실로 평성, 상성, 거성의 세 소리를 없애면 이것은 과부로써 홀아비에게 짝하게 하는 것으로 오히려 좋은 것이다.

만약에 예속시킨 글자가 스스로 평성, 상성, 거성의 세 소리가 있다면 강제로 나를 따르게 하는 것으로 이것은 지아비의 아내가 있는 것을 간섭하는 것이다.

그것이 옳은 것인가.

잠시 시운(詩韻)으로써 말한다면 동동운(東冬韻)같은 것은 입성(入聲)이 없는 것이다.

지금 사람이 동동동독(東董凍督)으로서 고르게 하여 대저 독(督)의 음(音)된 것이 마땅히 도도투(都睹妬)의 아래에 딸려 있다.

만약 동동동(東董凍)에 소속됐다면 또 어떻게 도도투(都睹妬)에 처하게 하랴.

만약 동도(東都)의 두 글자가 함께 독자(督字)로써 입성(入聲)이 되면 한 아내에 두 지아비인 꼴이 되는 것이다.

삼강(三江 : 江 講 絳)은 입성(入聲)이란 것이 없다.

지금 사람들이 다 강(江) 강(講) 강(絳) 각(覺)으로 고르게 한 것이다.

다만 각(覺)의 소리된 것을 알지 못하고 마땅히 교(交) 교(絞) 교(敎)의 아래에 붙인 것이다.

모든 것이 이 종류와 같은 것으로 그 들어올린 것은 좋지가 않다.

그러면 어떻게 하는 것이 옳은 것인가.

홀아비라는 것은 그 홀아비 소리를 듣고 과부라는 것은 그 과부라는 소리를 듣고 지아비와 아내가 완전한 자라야 그 완전함에 편안하여 각각 서로 간섭하지 않아야 할 것이다.

▨ 평성, 상성, 거성, 입성의 사성(四聲)은 변하지 않는 진리이다. 그런데 입성은 그 글자가 아주 적다. 다시 말하면 글자라는 것이 다 평성, 상성, 거성, 입성이 있는 것은 아니다. 이 세상에서 평운(平韻)과 측운(仄韻)을 조화시킨 자는 입성(入聲)의 글자가 적은 것을 탄식하고 때때로 서로 합치되지 않는 소리로써 그 아래에 붙여 예속되게 하였다. 그 예속된 소리 중에 평성, 상성, 거성의 삼성(三聲)이 없으면 이것은 과부를 홀아비에게 짝하게 해준 것으로 오히려 좋은 일이다. 만약에 예속된 소리 중에 스스로 그 평성, 상성, 거성의 삼성이 있다면 이것은 강압적으로 나를 따르게 하여 지아비가 아내 둔 것을 간섭하는 꼴이 된다. 이것이 어찌 옳을 것인가? 잠시 시(詩)의 운자(韻字)로 가서 말한다면 동(東) 동(冬)같은 운자(韻字)는 입성(入聲)이 없다. 지금의 사람들이 다 동(東) 동(董) 동(凍) 독(督)으로써 고르게 하였다. 대저 독(督)의 발음은 마땅히 도(都) 도(睹) 투(妒)의 아래에 붙여야 한다. 만약 동(東) 동(董) 동(凍)에 속하게 하고 또 어떻게 도(都) 도(睹) 투(妒)에 처하겠는가? 동(東) 도(都)의 두 글자가 함께 독(督)자로써 입성(入聲)이 되면 한 아내에 두 남편인 꼴이다. 삼강(三江 : 평성 상성 거성)의 세번째 강(江 講 絳 : 운)은 입성이라는 것이 없다. 지금 사람들이 모두 강(江) 강(講) 강(絳) 각(覺)으로써 조화를 시켰다. 다만 각(覺)의 소리되는 것을 알지 못하겠다. 마땅히 교(交) 교(絞) 교(敎)의 아래에 붙여야 되는 것이다. 이와 같은 종류는 그 열거하는

것에 지나지 않는다. 그렇다면 어찌하여야 옳은 것인가. 그것은 '홀아비(평성 상성 거성)라는 자는 그 홀아비라는 소리를 들어야 하고 홀어미(입성)라는 것은 그 홀어미라는 소리를 들어야 지아비와 지어미가 안정되는 것이며, 그 안정된 상태에 편안하여야 각각 서로를 간섭하지 않는 것이다.

  平上去入[1]乃一定之至理 然入聲之爲字也少 不得謂凡字皆有四聲[2]也 世之調平仄[3]者 于入聲之無其字者 往往以不相合之音 隷於其下 爲所隷者 苟無平上去之三聲 則是以寡婦配鰥夫 猶之可也 若所隷之字 自有其平上去之三聲 而欲强以從我 則是干有夫之婦矣 其可乎
  姑就詩韻言之 如東冬韻 無入聲者也 今人盡調之以東董凍督 夫督之爲音 當附于都睹妬之下 若屬之於東董凍 又何以處夫都睹妬乎 若東都二字 俱以督字爲入聲 則是一婦而兩夫矣
  三江[4]無入聲者也 今人盡調之以江講絳覺 殊不知 覺之爲音 當附于交絞敎之下者也
  諸如此類 不勝其擧 然則如之何而後可 曰鰥者[5]聽其鰥 寡者[6]聽其寡 夫婦全者安其全 各不相干而已矣

1) 平上去入(평상거입): 평성 상성 거성 입성의 사성(四聲). 평성(平聲)은 낮고 순평(順平)한 소리이며 상평성(上平聲)과 하평성(下平聲)의 둘이 있는데 상평성은 東冬江支微魚虞齊佳灰眞文元寒删의 15운(韻)이고, 하평성은 先蕭肴豪歌麻陽庚靑蒸尤侵覃鹽咸의 15운(韻)이다. 상성(上聲)은 발음이 높고 맹렬한 소리이다. 董腫講紙尾語麌薺蟹賄軫吻阮旱潸銑篠巧皓哿馬養梗迴有寢感琰豏의 29운(韻)이다. 거성(去聲)은 발음이 처음은 높고 끝이 낮아지는 소리이다. 送宋絳寘未御遇霽泰卦隊震問願翰諫霰嘯效號箇禡漾敬徑宥沁勘豔陷의 30운(韻)으로 나뉘어지며, 여기에 속하는

자는 모두 측자(仄字)이다. 현대의 중국 어학에서는 제사성(第四聲)이
라고도 한다. 입성(入聲)은 짧고 빨리 거두어 들이는 소리. 곧 屋沃覺質
物月曷點屑藥陌錫職緝合葉洽의 17의 측운(仄韻)으로 되어 있다.
2) 四聲(사성) : 평성 상성 거성 입성의 사성(四聲).
3) 平仄(평측) : 평운(平韻)과 측운(仄韻). 평운은 평성에 딸린 운(韻)이고,
측운(仄韻)은 상성(上聲) 거성(去聲) 입성(入聲)에 속하는 운(韻). 평운
의 대(對).
4) 三江(삼강) : 평성 상성 거성의 세번째 강(江) 강(講) 강(絳)의 운자.
5) 鰥者(환자) : 평성 상성 거성을 뜻한다.
6) 寡者(과자) : 입성(入聲)을 지칭한다.

21. 『수호전』은 전부 화내는 글이다

『수호전』은 전부가 화난 글이요,
『서유기』는 전부가 깨우치는 글이요,
『금병매』는 전부가 슬픈 글이다.

▨ 『수호전』이란 책은 모든 내용이 화를 내는 것들이요, 『서유기』라는 책은 모든 내용이 깨달음을 담은 것들이요, 『금병매』라는 책은 모든 내용이 슬픔을 담은 내용이다.

  水滸傳[1]是一部怒書
  西遊記[2]是一部悟書
  金瓶梅[3]是一部哀書

1) 水滸傳(수호전) : 원(元)나라 시내암(施耐庵)이 지은 소설. (앞에 자세하

게 설명함) 봉건정치의 부패와 타락으로 고관들이 민중을 핍박하여 영웅들이 도적으로 가게 되는 과정을 그린 소설.
2) 西遊記(서유기) : ①책 이름. 원(元)나라의 이지상(李志常)이 그의 스승 구처기(邱處機)를 따라 서역(西域)으로 가면서 도중에서 듣고 본 사실을 적어놓은 기행문으로 상하 두 권으로 되어 있다. ②4대기서(四大奇書)의 하나이며 명(明)나라의 오승은(吳承恩)이 서유(西遊)에 관한 삼장현장(三藏玄奘)이 손오공(孫悟空) 등과 함께 인도에 가서 불경을 가지고 돌아오기까지의 경과를 적은 내용이다. ②번 내용이 이곳의 책이다.
3) 金甁梅(금병매) : 소설 이름. 명(明)나라 만력(萬歷)연간에 지은 장편소설. 왕세정(王世貞)의 작(作)이라고 한다. 부정한 방법으로 돈을 벌어 관리가 된 상인 서문경(西門慶)의 음란호색(淫亂好色)한 일대기를 나열한 줄거리로 그 시대 사회의 부패상을 사실적으로 지적하여 쓴 소설.

22. 글을 읽는 것은 최고의 즐거움

글을 읽는 것은 최고의 즐거움이다.
만약 역사서를 읽는다면 기쁨은 적고 화나는 것이 많다.
헤아려 보면 화나는 곳은 또한 즐거운 곳이다.

▨ 책을 읽는다는 것은 최고의 즐거움이라고 할 수 있다. 역사서 적을 읽을 때에는 기쁨이 적고 화나는 것은 많다. 그러나 그것을 헤아려 보면 화나는 곳은 곧 즐거운 곳이기도 하다.

讀書最樂 若讀史書[1]則喜少怒多 究之[2] 怒處亦樂處
1) 史書(사서) : 역사책.『사기』『통감』등의 역사책.

2) 究之(구지) : 헤아려 보다. '결론은'의 뜻.

23. 발표하지 못한 견해를 발표한 것은

앞 사람이 발표하지 못한 견해를 발표한 것을
바야흐로 기이(奇異)한 책이라 하고
아내와 자식의 말하기 어려운 정을 말하는 것을
곧 밀우(密友)라고 한다네.

▨ 앞에 살다간 사람들이 발표하지 못한 견해들을 발표한 것은 기이한 책이라는 것이고, 아내나 자식에게서 느껴지는 말하기 어려운 것들을 말할 수 있는 친구는 지극히 가까운 친구라는 것이다.

發前人未發之論 方是奇書[1]
言妻子難言之情 乃爲密友[2]

1) 奇書(기서) : 기이한 내용의 책.
2) 密友(밀우) : 아주 가까운 친구. 밀접한 친구.

24. 선비는 반드시 밀우(密友)가 있고

한 사람의 선비는 반드시 밀우(密友)가 있다.
밀우는 반드시 생사를 함께 하는 사귐을 정하지 않는다.
대개 비록 천리나 백리의 먼 곳이라도 다 서로 믿음이 있고 뜬소문에 동요되지 않는다.

소문에 비방하는 자가 있을지라도 곧 여러 방면으로 사실을 똑똑히 밝힐 따름이다.

일에서 행동하는 것이 적당한가, 중지하는 것이 적당한가는 대신하여 계획의 결단을 한다.

혹은 일이 이해관계에 부딪쳐도 기다린 후에 구제하는 것이 있으며, 반드시 소문에 함께 하지 아니하며 또한 그 부담은 나의 가부간을 헤아리지 아니하고 마침내 힘써 그 일을 이어서 하는 것으로 이것을 다 이른바 밀우(密友)라고 하는 것이다.

▨ 한 사람의 선비라면 반드시 '아주 절친한 친구'가 있게 마련이다. '아주 절친한 친구'는, 자신의 목이 달아날 일에 대해서는 함부로 약속하지 않는다. 이들은 비록 천리나 백리의 먼 거리에 있어도 서로 믿고, 떠다니는 뜬소문에 의해 하나도 동요하지 아니한다. 타인이 비방하는 소리를 들으면 곧 여러 방면으로 그 비방을 막고 해명할 따름이다. 또 사업을 진행하고 중지하는 것도 대신하여 계책이나 결단을 해주며 혹은 사업의 이해관계에 처하더라도 기다린 후에 구원하여 주며 곧바로 소문에 함께 하지 아니하고 또한 그의 부담을 나의 가부를 생각하지 않고 자신의 힘을 다하여 그 사업을 이어가는 것이다. 이러한 것이야말로 '아주 절친한 친구'라고 할 수 있는 것이다.

一介之士必有密友 密友不必定是刎頸之交[1] 大率[2]雖千百里之遙 皆可相信 而不爲浮言所動 聞有謗之者 卽多方[3]爲之辯析[4]而後已 事之宜行宜止者 代爲籌畫[5]決斷 或事當利害關頭[6] 有所需而後濟者 卽不必與聞 亦不慮其負我與否 竟爲力承其事 此

皆所謂密友也

1) 刎頸之交(문경지교) : 목이 달아날지라도 마음이 변하지 않을 만한 친한 친구. 곧 생사를 같이 할 수 있는 친구.
2) 大率(대율) : 대략. 대개.
3) 多方(다방) : 여러 가지 방법.
4) 辯析(변석) : 사리를 판단하여 밝히다. 이치를 똑똑하게 밝히다.
5) 籌畫(주획) : 계획. 계략.
6) 關頭(관두) : 일의 머리. 곧 관계된 시초.

25. 풍류(風流)는 스스로 즐기는 것

풍류는 스스로 감상(鑑賞)하고
꽃과 새들과 함께 한다.
진실하고 솔직한 것을 누가 알랴.
아름다운 경치의 공양을 받는 것을 …

▨ 풍류(風流)라는 것은 자기 자신이 즐기는 것으로 꽃을 바라보고 새들의 지저귐을 듣는 것을 받아들이는 것이다. 그 진실하고 솔직한 것을 어느 누가 알 것인가. 합하여 아름다운 산수의 공양을 받는다는 것을 …

風流[1]自賞 祇容花鳥趣陪[2]
眞率[3]誰知 合受烟霞供養[4]

1) 風流(풍류) : 풍아(風雅)를 좋아하는 사람.
2) 趣陪(추배) : 종종거리고 따르다.

3) 眞率(진솔) : 진실하고 솔직하다.
4) 供養(공양) : 웃어른에게 음식이나 의복을 바치다. 부처에게 음식물을 바치다.

26. 모든 일은 잊어버리지만

모든 일은 다 잊어버리지만
잊기 어려운 것은 명심(名心)의 한 조각이요,
각양각색의 것은 담박하기가 쉬우나
담박하지 아니한 것은 미주(美酒) 석 잔이라네.

▨ 세상의 모든 일들은 쉽게 잊을 수 있으나 잊지 못하는 것은 하나의 명예일 뿐이요, 이 세상의 모든 것들은 담박하기가 쉽지만 담박하지 못한 것이란 맛좋은 술 석 잔이더라.

萬事可忘 難忘者 名心一段
千般[1]易淡 未淡者 美酒三杯

1) 千般(천반) : 여러 가지 일. 곧 각양각색의 일.

27. 마름이나 연은 먹기도 하고 옷으로도 입는다

마름이나 연(蓮)은
먹기도 하고 또 옷으로도 만들어 입고,
쇠나 돌은

그릇으로도 쓰고 또한 복용하기도 하네.

▨ 마름풀이나 연(蓮)은 열매는 먹기도 하고 그 잎들은 옷을 만들어 입고, 쇠나 돌은 그릇을 만들기도 하고 또 갈아서 복용하기도 한다.

芰荷¹⁾可食 而亦可衣
金石可器 而亦可服

1) 芰荷(지하) : 마름과 연(蓮). 마름은 바늘꽃과에 속하는 일년생의 수초. 능각(稜角)이 있는 딱딱한 껍질에 싸인 열매를 맺는다. 연은 연꽃. 지하는 마름과 연잎을 엮어 만든 것으로 숨어 사는 사람들이 입었다.

28. 귀에 좋은 것이 눈에도 좋다

귀에 좋은 것이 다시 눈에도 좋은 것은
거문고를 타는 것과 퉁소를 부는 것이요,
귀에 좋은 것이 눈에 좋지 않은 것은
생(笙)을 부는 것과 피리를 누르는 것이네.

▨ 사람의 귀에 듣기 좋으며 눈에도 보기 좋은 것이 있다. 그것은 거문고 타는 소리와 모습이요, 퉁소소리와 퉁소 부는 모습이다. 사람의 귀에는 듣기 좋은데 눈으로 보는 데는 좋지 않은 것이 있다. 그것은 생황을 부는 모습과 피리를 누르는 모습이다.

宜於耳 復宜於目者 彈琴也 吹簫也

宜於耳 不宜於目者 吹笙[1]也 擊管[2]也

1) 笙(생) : 생황. 관악기의 일종. 19개 또는 13개의 대나무 관(管)으로 만듦.
2) 管(관) : 관악기의 하나. 피리.

29. 분은 얼굴에 바른 뒤에 보아야

이른 아침 화장을 보려면
분(粉)을 바른 뒤에 보아야 좋네.

▨ 이른 아침에 여자의 화장한 모습을 보려면 얼굴에 분을 칠한 뒤에 보아야 아름답다.(화장하기 전의 얼굴은 곱지 않다는 말이다.)

看曉粧[1] 宜于傅粉[2]之後

1) 曉粧(효장) : 새벽 화장. 곧 이른 아침의 여자 화장.
2) 傅粉(부분) : 분을 얼굴에 바르다.

30. 나는 알지 못하네. 나의 생전(生前)을

나는 알지 못하네. 나의 생전(生前)을.
춘추(春秋)시대에 있어서는
서시(西施)를 한 번 알았는가.
전오(典午)의 시절에는
위개(衛玠)를 한 번 보았는가.
의희(義熙)의 세상에서는

도연명과 한 번 취하여 보았는가.
천보(天寶)의 연대에는
태진(太眞)을 한 번 보았는가.
원풍(元豊)의 조정에서는
동파(東坡)와 한 번 마주하였는가?
천고(千古)의 세상에서 생각나는 자는
이 몇사람에 지나지 않네.
이 몇사람은 생각나는 것이 더욱 심하네.
이에 잠시 들어보았는데 그 나머지의 대강일 뿐이네.

▨ 나는 내가 태어나기 전의 세계는 알지 못한다. 춘추전국(春秋戰國)시대에 태어나 한 번이라도 서시(西施)라는 미인을 보았는지, 진(晋)나라시대에 태어나 한 번이라도 진(晋)나라의 위개(衛玠)를 만나보았는지, 동진(東晋)의 안제(安帝) 때에 태어나 한 번이라도 도연명(陶淵明)과 함께 술자리를 하여 취해 보았는지, 당(唐)나라의 천보(天寶)연대에 태어나 한 번이라도 양귀비(楊貴妃)를 바라보았는지, 송(宋)나라 신종(神宗)의 시대에 태어나 한 번이라도 소동파(蘇東坡)와 마주해 보았는지. 천년 위의 세상에서 서로 생각나는 사람이 이 위의 몇사람에 지나지 않는다. 이 몇사람은 더욱 심히 생각난다. 그러므로 잠시 열거한 것으로 그 나머지의 대강을 추린 것일 뿐이다.

我不知 我之生前 當春秋之季[1] 曾一識西施[2]否 當典午[3]之時 曾一看衛玠[4]否 當義熙[5]之世 曾一醉淵明否 當天寶[6]之代 曾一覿太眞[7]否 當元豊[8]之朝 曾一晤東坡[9]否
千古之上 相思者 不止此數人 而此數人 則其尤甚者 故姑擧

之 以概其餘也
1) 春秋之季(춘추지계) : 춘추전국(春秋戰國)시대의 시절.
2) 西施(서시) : 춘추시대 오(吳)나라 왕 부차(夫差)가 총애한 여인. 미인.
3) 典午(전오) : 사마(司馬)의 벼슬. 여기서는 전은 사(司)요, 오는 마(馬)의 뜻으로 진(晋)나라시대를 뜻한다. 진나라시대에는 임금이 사마(司馬)씨였으므로 전오(典午)라고 일컬었다.
4) 衞玠(위개) : 진(晋)나라 사람. 태자세마(太子洗馬)를 지냈다. 서진(西晋)말에 난리를 피하여 강남(江南)으로 건너갔다. 귀족적인 풍모가 있고 담론에 능하였으며 27세에 죽었다.
5) 義熙(의희) : 동진(東晋)의 안제(安帝)의 연호. 안제는 사마덕종(司馬德宗).
6) 天寶(천보) : 당(唐)나라 현종(玄宗)의 연호.
7) 太眞(태진) : 양귀비(楊貴妃)의 이름.
8) 元豊(원풍) : 송(宋)나라 신종(神宗)의 연호.
9) 東坡(동파) : 소식(蘇軾)의 호.

31. 융경(隆慶) 만력(萬曆)의 시절에

나는 또 알지 못하네.
융경(隆慶) 만력(萬曆)년의 시절에서
구원(舊院)에 이르러 몇명의 명기(名妓)와 사귀었는가.
미공(眉公) 백호(伯虎) 약사(若士) 적수(赤水)의 제군들과
나는 함께 담소하는 것을 몇번이나 했는가.
망망우주(茫茫宇宙)에서
나는 이제 누구에게 방향을 물어서 갈 것인가.

▨ 나는 또 알지 못하는 것이 있다. 가령 명(明)나라시대의 융경(隆慶) 만력(萬曆)연간(1567~1619)에 살면서 일찍이 구원(舊院)에 놀며 아름다운 기생 몇사람과 사귀었는지. 미공(眉公：陳繼儒)과 백호(伯虎：唐寅)와 약사(若士：湯顯祖), 적수(赤水：屠隆) 등의 문인들과 일찍이 나는 몇회나 담소하였는지. 넓고 넓은 이 우주에서 누구에게 갈 곳을 물어 가야 하는지 나는 알지 못하겠다.

我又不知 在隆萬[1]時 曾於舊院[2]中 交幾名妓 眉公 伯虎 若士 赤水[3]諸君 曾共我談笑幾回 茫茫宇宙 我今當向誰問之耶

1) 隆萬(융만)：명(明)나라의 융경(隆慶) 만력(萬曆)연간. 명나라 목종(穆宗)에서 신종(神宗) 47년까지 52년간.
2) 舊院(구원)：남경(南京)의 진회(秦淮)의 물이 흘러내리는 연안쪽. 기녀들의 관(館)이 있는 한 구역을 이른다.
3) 眉公伯虎若士赤水(미공 백호 약사 적수)：사람 이름들. 미공은 진계유(陳繼儒). 백호는 당인(唐寅). 약사는 탕현조(湯顯祖). 적수는 도륭(屠隆)을 말한다. 명나라 때의 유명한 문인들.

32. 문장이란 자구(字句)로 수놓는 것

문장이란 자구마다 금수(錦繡)가 있고,
금수(錦繡)는 자구(字句)마다 문장이 없는데
이 두 가지는 동일한 근원에서 나온 것이네.
잠시 큰 흔적으로 나가 논한다면
금릉(金陵)과 같고 무림(武林)과 같고 고소(姑蘇)와 같아
책이 쌓여 있는 곳이

곧 기저(機杼 : 베틀과 북)가 있는 곳이라네.

▨ 문장이란 자구(字句)마다 베틀에서 짜내는 비단과 같으며 금수(錦繡)란 자구(字句)를 쓰는 문장은 없는 것이다. 이 문장이나 금수는 다 동일하게 한 근원에서 나온 것이다. 잠깐 거대한 발자취로 나아가 말한다면 경치가 좋은 금릉과 같고 무림지방과 같고 고소지방과 같아 책이 많이 쌓여 있는 곳이 곧 문장이 나오는 곳이기도 하다.

文章是有字句之錦繡¹⁾ 錦繡是無字句之文章 兩者同出于一原 姑卽粗跡²⁾論之 如金陵³⁾ 如武林⁴⁾ 如姑蘇⁵⁾ 書林⁶⁾之所在 卽機杼⁷⁾之所在也

1) 錦繡(금수) : 비단과 자수. 곧 아름다운 문장의 별칭.
2) 粗跡(조적) : 큰 흔적. 큰 자취.
3) 金陵(금릉) : 현재의 강소성(江蘇省) 남경시(南京市).
4) 武林(무림) : 현재의 절강성(浙江省) 항주시(杭州市) 서쪽의 명산.
5) 姑蘇(고소) : 현재의 강소성(江蘇省) 오현(吳縣)으로 소주(蘇州)의 옛 이름.
6) 書林(서림) : 책방. 책이 쌓여 있는 곳.
7) 機杼(기저) : 베틀의 북. 전하여 문사(文辭)의 결구(結句)를 뜻한다.

33. 법첩(法帖)의 글자를 모아 시를 만들다

나는 일찍이 모든 법첩자(法帖字)를 모아 시를 만들었다. 글자가 겹치지 아니한 것이 많지만 천자문(千字文)보다 나은 것은 없다. 그러나 시를 하는 집안에서 눈 앞의 항상 쓰는 글자로 갖추지 못한 것을 괴로워하였다.
  천문(天文)의 연하풍설(烟霞風雪)과 지리(地理)의 강산당안(江山塘岸)과 시령(時令)의 춘소효모(春霄曉暮)와 인물(人物)의 옹승어초(翁僧漁樵)와 화목(花木)의 화류태평(花柳苔萍)과 조수(鳥獸)의 봉접앵연(蜂蝶鶯燕)과 궁실(宮室)의 대함헌창(臺檻軒窓)과 기용(器用)의 주선호장(舟船壺杖)과 인사(人事)의 몽억수한(夢憶愁恨)과 의복(衣服)의 군수금기(裙袖錦綺)와 음식(飮食)의 다장음작(茶漿飮酌)과 신체(身體)의 수미운태(鬚眉韻態)와 성색(聲色)의 홍록향염(紅綠香艷)과 문사(文史)의 소부제음(騷賦題吟)과 수목(數目)의 일삼쌍반(一三雙半)은 다 그 글자가 없는 것과 같다.
  천자문(千字文) 또한 그러한데 하물며 그 다른 것에랴.

  ▨ 나는 일찍부터 모든 글자의 법으로 삼을 만한 것으로 시(詩)를 만들었다. 글자들이 중복되지 않은 것이 많지만 천자문보다 잘 되었다고는 하지 못하겠다. 그러나 시를 짓는 사람들이 눈 앞에 두고 항상 필요로 하는 글자로 이것을 갖추지 못한다면 괴로워 할 것이다. 천문(天文 : 천문학)에는 연(烟) 하(霞) 풍(風) 설(雪)이요, 지리(地理)에는 강(江) 산(山) 당(塘) 안(岸)이요, 시령(時令 : 절기)에는 춘(春) 소(霄) 효(曉) 모(暮)요, 인물에는 옹(翁) 승(僧) 어(漁) 초(樵)요,꽃과 나무에는 화(花) 류(柳) 태(苔) 평(萍)이요, 새와 짐승에는 봉(蜂) 접(蝶) 앵(鶯) 연(燕)이요, 궁실(宮室)에는 대(臺) 함(檻) 헌(軒) 창(窓)이요, 기용(器用 : 그릇의 이용)에는 주(舟) 선(船) 호(壺) 장(杖)이요, 인사(人事)에는 몽(夢) 억(憶) 수(愁) 한(恨)이요, 의복에는 군(裙) 수(袖) 금(錦) 기(綺)요, 음식에는 다(茶) 장(漿) 음(飮) 작(酌)이요, 신체에는 수(鬚) 미(眉) 운

(韻) 태(態)요, 소리와 색에는 홍(紅) 록(綠) 향(香) 염(艶)이요, 문사(文史)에는 소(騷) 부(賦) 제(題) 음(吟)이요, 수목(數目)에는 일(一) 삼(三) 쌍(雙) 반(半)으로 다 그 글자는 없다. 천자문도 또한 그러하였다. 하물며 그 나머지야 어떠하겠는가.

    予嘗集諸法帖字[1]爲詩 字之不複而多者 莫善于千字文[2] 然詩家目前常用之字 猶苦其未備
    如天文[3]之烟霞風雪 地理之江山塘岸 時令[4]之春霄曉暮 人物之翁僧漁樵 花木之花柳苔萍 鳥獸之蜂蝶鶯燕 宮室之臺檻軒窓 器用[5]之舟船壺杖 人事之夢憶愁恨 衣服之裙袖錦綺 飮食之茶漿飮酌 身體之鬚眉韻態 聲色[6]之紅綠香艶 文史[7]之騷賦題吟 數目[8]之一三雙半 皆無其字
    千字文且然 況其他乎

1) 法帖字(법첩자) : 교과서가 되는 글자의 체본(體本), 교본(敎本).
2) 千字文(천자문) : 후량(後梁)시대 주흥사(周興嗣)가 만들었다는 한문 1천자를 나열하여 놓은 책.
3) 天文(천문) : 천문학(天文學).
4) 時令(시령) : 1년 12개월에 소속되어 있는 절기. 또는 1년간 행하는 정치나 의식의 순서를 기록한 것.
5) 器用(기용) : 도구. 또는 제구(祭俱).
6) 聲色(성색) : 음악이나 여색.
7) 文史(문사) : 문장이나 역사(歷史).
8) 數目(수목) : 종류. 여러 가지 종목.

34. 꽃이 떨어지는 것은 보지 않는다

꽃이 떨어지는 것은 보지 않는 것이요,
달이 침몰하는 것은 보지 않는 것이요,
미인이 요절하는 것은 보지 않는 것이라네.

▨ 꽃의 꽃잎이 떨어지는 것을 보지 않는 것이며 달이 침몰하는 것을 보지 않는 것이며 미인이 일찍 죽는 것은 보지 않는 것이다.(이것은 모두가 슬프고 애처로운 것으로 보지 않는다고 하였다.)

花不可見其落
月不可見其沈
美人不可見其夭[1)]

1) 夭(요) : 요절(夭折)하다. 제 명을 못살고 일찍 죽다.

35. 꽃을 심는 것은 그 피어나는 것을 보려는 것

꽃을 심는 것은
모름지기 그 피어나는 것을 보려는 것이요,
달을 기다리는 것은
모름지기 그 보름달을 보려는 것이요,
글을 짓는 것은
모름지기 그 이룬 것을 보려는 것이요,

아름다운 여인은
모름지기 그 화락한 것을 보려는 것이니,
견주어보면 실제가 있고 그렇지 않으면 헛된 말이네.

▨ 사람이 꽃을 심는 것은 아름답게 핀 꽃을 보려는 것이요, 떠오르는 달을 기다리는 것은 만월(滿月)을 보기 위한 것이요, 글을 지어 책을 내는 것은 자신의 학문의 성취를 보이는 것이요, 아름다운 여인은 마음씨가 부드럽고 맑은 것을 보이는 것이다. 견주어본다면 실제적인 것만 남아있고 그렇지 않은 것은 다 헛된 거짓말일 뿐이다.

種花須見其開 待月須見其滿 著書須見其成 美人須見其暢適[1]
方有實際[2] 否則皆爲虛設[3]

1) 暢適(창적): 날씨나 마음씨가 부드럽고 맑다. 또는 화락(和樂)하다.
2) 實際(실제): 사실적인 존재로 현실적인 효과.
3) 虛設(허설): 헛된 거짓말. 허상(虛像).

36. 혜시(惠施)는 그 저서가 다섯 수레였으나

혜시(惠施)는 여러 방면에서 그 서적이 다섯 수레이고
우경(虞卿)은 곤궁하여 수심으로써 글을 지었지만
지금은 다 전하지 않는다.
알지 못하겠다. 글 속에 과연 무엇을 썼는지.
나는 고인(古人)을 보지 못하였으니 어찌 한스럽지 않으랴.

▨ 전국시대(戰國時代)의 혜시(惠施)라는 사람은 여러 방면의 학문

을 연구하여 그 저서가 다섯 수레나 된다고 했으며 전국시대 조(趙)나라의 평원군(平原君)은 곤궁하여 수심에 잠겨 많은 글을 지었다고 했는데 지금은 다 전하지 않는다. 글 속에 무슨 말을 썼는지 알 수가 없구나. 내가 옛 사람들을 볼 수가 없으니 어찌 후회스럽지 아니한가.

惠施[1]多方[2] 其書五車 虞卿[3]以窮愁[4]著書 今皆不傳 不知 書中果作何語 我不見古人 安得不恨.

1) 惠施(혜시) : 전국시대의 송(宋)나라 학자. 명가(名家)의 일인자로써 궤변론과 이론학의 권위자였으며 장자(莊子)의 친구였다. 위(魏)나라 혜왕(惠王)의 재상이기도 하였다.
2) 多方(다방) : 여러 방면의 학술을 취득하였다.
3) 虞卿(우경) : 전국시대 조(趙)나라 사람이며 이름은 승(勝)이고, 평원군(平原君)이라고 칭했다. 조나라 혜문왕(惠文王)의 동생이다.
4) 窮愁(궁수) : 곤궁하여 수심에 차다. 심히 가난하였다는 뜻.

37. 송화(松花)로 양식을 삼고

송화(松花)로 양식을 삼고
송실(松實)로 향(香)을 삼고
송지(松枝)로 먼지털이를 삼고
소나무 그늘로 보장(步障 : 휴식처)을 삼고
소나무 물결로 북과 피리를 삼는다.
산에 살며 큰 소나무 1백여 그루를 얻는다면
참으로 받아 쓰는 것이 다하지 않을 것이다.

▧ 송화가루로는 양식을 만들고 솔방울로는 향(香)을 만들고 소나무 가지로는 먼지털이를 만들고 소나무 그늘은 보장(步障)을 만들고 소나무 물결로 북치고 피리부는 것과 같이 여긴다면 사람이 산에 살며 거대한 소나무 1백여 그루만 얻는다면 소나무에서 얻어 쓰는 것이 무궁무진할 것이다.

以松花爲糧 以松實爲香 以松枝爲塵尾[1] 以松陰爲步障[2] 以松濤爲鼓吹[3]

山居得喬松百餘章[4] 眞乃受用不盡

1) 塵尾(주미) : 고라니 꼬리로 만든 먼지털이. 고라니의 꼬리는 먼지가 잘 털려 이 고라니의 꼬리로 만든 먼지털이는 청담(淸談)을 즐기던 사람들이 많이 가지고 다녔다.
2) 步障(보장) : 대나무를 세워 그늘 밑에 만든 장막.
3) 鼓吹(고취) : 북치고 피리불다의 뜻.
4) 章(장) : 주(株)와 같다. 그루의 뜻.

38. 달을 구경하고 즐기는 법은

달을 구경하고 즐기는 법은
희고 깨끗하면 우러러 보기가 좋고
몽롱하면 굽어 보는 것이 좋을레라.

▧ 밤에 달을 감상하는 방법은 달이 밝고 깨끗하면 우러러 보아야 제격에 맞고 흐리멍텅한 달이면 굽어서 보는 것이 제격에 맞는다.

玩月[1]之法 皎潔則宜仰觀 朦朧則宜俯視

1) 玩月(완월) : 달을 구경하다. 달을 감상하다. 달을 즐기다.

39. 금방 웃고 금방 우는 순박한 어린아이는

금방 웃고 금방 우는 순박한 어린아이는
하나도 아는 것이 없네.
눈으로는 능히 아름답고 미운 것을 분별하지 못하고
귀로는 맑고 탁한 것을 판단하지 못하고
코는 향기의 냄새를 구별하지 못하고
맛의 달고 쓴 것 같은 것에 이르면 순서를 알지 못하고
또 능히 취하기도 하고 버리기도 하네.
고자(告子)가
'감식(甘食)과 열색(悅色)은 성(性)이다.'
라고 했는데 대개 이런 부류를 지적한 것이리.

▨ 웃을 줄 알고 손으로 물건을 끌어당길 줄 아는 어린아이는 한 가지도 아는 것이 없다. 눈은 아름답거나 추한 것을 분별할 줄을 모르고 귀는 맑고 둔탁한 소리를 판단할 줄을 모르고 코는 향기나 냄새를 구분할 줄을 모르고 음식 맛이 달거나 쓴 것일지라도 차례를 알지 못하고 또 능히 취하거나 버릴 뿐이다. 이 때문에 고자(告子)는 '맛있는 음식과 즐거운 낯빛은 성(性)이다.'라고 했는데 이러한 상황 때문에 그러한 것 같다.

孩提[1]之童 一無所知 目不能辨美惡 耳不能判淸濁 鼻不能別

香臭 至若味之甘苦 則不第知之 且能取之棄之
告子²⁾以甘食 悅色³⁾爲性 殆指此類耳

1) 孩提(해제) : 웃을 줄 알고 또 손으로 끌고 다닐 수 있는 어린아이. 곧 금방 웃고 금방 우는 순진한 어린아이.
2) 告子(고자) : 전국시대 사람. 맹자(孟子)와 토론한 사람으로 『맹자』에 고자편(告子篇)이 있다.
3) 甘食悅色(감식열색) : 식욕(食慾)과 색욕(色慾).

40. 가히 탐하지 않을 수 없는 것

모든 일을 새기는 것은 마땅하지 않지만
글을 읽는 것 같은 것은 가히 새기지 않을 수 없다.
모든 일을 탐하는 것은 마땅하지 않지만
책을 사는 것 같은 것은 가히 탐하지 않을 수 없다.
모든 일에 어리석은 것은 마땅하지 않지만
선을 행하는 것 같은 것은 가히 어리석지 아니할 수 없다.

▨ 이 세상에 많은 일이 있는데 그것을 다 마음에 새기는 것은 할 수 없으나 책을 읽고 그 내용을 마음에 새기지 않을 수 없는 것이요, 이 세상에는 많은 일이 있는데 그것을 다 탐하는 것은 마땅하지 않을지라도 책을 사서 모으는 것 같은 것은 탐내지 않을 수가 없는 것이요, 이 세상에는 많은 일이 있는데 그것을 행하는데 있어 어리석으면 안되지만 선행을 하는 데에는 꼭 어리석은 것 같이 해야만 행할 수 있다는 것이다.

凡事不宜刻 若讀書 則不可不刻
凡事不宜貪 若買書 則不可不貪
凡事不宜癡 若行善 則不可不癡

41. 여색을 좋아해도 삶을 상하게 해서는 안된다

술을 가히 좋아하더라도
같은 좌석의 사람을 꾸짖지 아니하는 것이요,
여색을 가히 좋아하더라도
삶을 상하게 하여서는 아니되는 것이요,
재물을 가히 좋아하더라도
마음을 어둡게 하여서는 아니되는 것이요,
기운을 가히 좋아하더라도
이치를 넘지는 말 것이다.

▨ 술을 좋아하더라도 같이 앉아 있는 동료들과 다투지 말 것이며, 여자를 좋아하더라도 자신의 정력을 탕진하지 말 것이며, 재물을 좋아하더라도 자신의 마음을 어둡게 하여 탐욕에 빠지지 말 것이며, 의기를 좋아하더라도 도리를 넘어서는 안되는 것이다.

酒可好 不可罵座[1]
色可好 不可傷生
財可好 不可昧心[2]
氣可好 不可越理

1) 罵座(매좌) : 좌석에 앉은 사람을 꾸짖다. 곧 서로 싸우다.

2) 眛心(매심) : 재물에 눈이 어두워지다.

42. 청한(淸閒)은 오래 사는 데 적당하다

문명(文名)이란 과거의 등수를 매기는 데 적당한 것이요,
검덕(儉德)이란 재물에 적당한 것이요,
청한(淸閒)이란 오래 사는 데 적당한 것이다.

▨ 시를 잘 하기로 이름이 난 것은 과거에 합격하는 데 일맞은 것이요, 검소한 덕이란 재물을 쓰고 모으는 데 적당한 것이요, 한가한 것이란 오래오래 사는 데 아주 적당한 것이다.

文名[1]可以當科第
儉德可以當貨財
淸閒[2]可以當壽考

1) 文名(문명) : 문장이나 학문으로 이름을 떨친 사람.
2) 淸閒(청한) : 한가한 시간.

43. 그 시를 외우고 그 글을 읽는 것은

홀로 그 시를 외우고 그 글을 읽는 것은
고인(古人)을 벗으로 삼는 것이 아니요,
나아가 그 글씨나 그림까지 관찰해야
또한 고인의 거처까지 벗으로 삼는 것이다.

140 유몽영(幽夢影)

▨ 자기 혼자서 시를 암송하고 그 글을 읽는 것은 옛 사람들을 사모하여 벗하는 것이 아니요, 나아가 그의 글씨와 그림까지 관람하는 것이라야 옛 선현들을 사모하고 벗하는 것이라 할 수 있다.

不獨誦其詩 讀其書 是尙友[1]古人 卽觀其字畫[2] 亦是尙友古人處

1) 尙友(상우) : 우러러 벗하다. 곧 거슬러 올라가 옛날의 어진 사람을 벗하다.
2) 字畫(자화) : 글자와 그림. 서화(書畵).

44. 유익한 것이 없는 은덕은

유익한 것이 없는 은덕은
법회(法會) 때 식사승에 지나지 않고,
유익한 것이 없는 시문(詩文)은
오래 살기를 비는 시보다 심한 것이 없다.

▨ 아무런 도움을 줄 수 없는 은덕을 베푸는 것은 법회 때 식사를 제공하는 중과 같고, 아무런 도움을 줄 수 없는 시구는 만수무강(萬壽無疆)을 축원하는 시와 같다.

無益之施捨[1] 莫過於齋僧[2]
無益之詩文 莫甚于祝壽[3]

1) 施捨(시사) : 은덕을 베풀다. 희사하다.
2) 齋僧(재승) : 산사의 법회 때 식사를 대접하는 중.

3) 祝壽(축수) : 오래 살라고 기원하는 시.

45. 첩(妾)이 아름답더라도

첩(妾)이 아름다워도 아내가 현명한 것만 같지 못하고,
돈이 아무리 많아도 일이 뜻대로 되는 것만 같지 못하다.

▨ 아름다운 첩(妾)을 두는 것보다는 어질고 현명한 아내가 있는 것이 더 낫고, 돈이 많은 것보다는 자기 뜻대로 일이 성사되는 것이 낫다.

妾美 不如妻賢
錢多 不如境順[1)]

1) 境順(경순) : 모든 일이 자기의 뜻대로 되는 것.

46. 새로운 암자를 짓는 것

새로운 암자를 짓는 것은
옛 사당을 수리하는 것만 같지 못하고,
아직 읽지 못한 책을 읽는 것은
구업(舊業)을 익히는 것만 같지 못하다.

▨ 새로운 암자를 건립하는 것은 옛부터 있던 사당을 잘 수리하는 것보다 못하고, 아직 읽지 못한 책을 읽는 것보다는 선조의 사

업을 익히는 것이 더 좋다.

創新菴[1] 不若修古廟[2]
讀生書[3] 不若溫舊業[4]

1) 新菴(신암) : 새로운 암자. 곧 정자.
2) 古廟(고묘) : 옛 선조의 사당.
3) 生書(생서) : 아직 읽지 못한 새로운 책. 특이한 책.
4) 舊業(구업) : 선조가 남긴 유업.

47. 글자나 그림은 한 근본에서 나왔다

글자와 그림은 한 가지로 한 근원에서 나왔다.
육서(六書)가 상형(象形)에서 시작된 것을 관찰한다면
그것을 알 수 있다.

▨ 우리가 쓰는 글자나 그리는 그림은 그 출발한 것이 같다. 곧 상형문자(象形文字) 지사문자(指事文字) 형성문자(形聲文字) 회의문자(會意文字) 전주문자(轉注文字) 가차문자(假借文字)인 육서들의 처음을 자세히 관찰하여 보면 그것을 알 수 있는 것이다.

字與畫 同出一原 觀六書[1] 始於象形 則可知已
1) 六書(육서) : 한자(漢字)의 구성 및 활용에 대한 여섯 종류. 곧 상형(象形) 지사(指事) 회의(會意) 형성(形聲 : 諧聲) 전주(轉注) 가차(假借).

48. 바쁜 사람의 뜰 안의 정자는

바쁜 사람의 뜰 안의 정자는
주택과 서로 연결되어 있는 것이 좋고,
한가한 사람의 뜰 안의 정자는
주택과 서로 멀리 있어야 방해되지 않는다.

▨ 눈코 뜰 새 없이 바쁜 사람의 정자라면 사는 집과 서로 연결되어 있어야만 일을 보는데 편리하고, 한가한 사람의 정자라면 자신이 사는 집과 멀리 떨어져 있어야만 한가한 것을 즐길 수 있다.

忙人園亭[1] 宜與住宅相連
閒人[2]園亭 不妨與住宅相遠

1) 忙人園亭(망인원정) : 바쁜 사람의 뜰 안의 정원. 곧 바쁜 사람의 정자.
2) 閒人(한인) : 휴식을 취하는 사람. 한가한 사람.

49. 술은 가히 차(茶)로도 적당하지만

술은 가히 차(茶)로도 적당하지만
차는 가히 술로는 적당하지 못하고,
시는 가히 글로도 적당하지만
글은 가히 시로써는 적당하지 못하고,
곡조는 가히 사(詞)로도 적당하지만

사는 가히 곡조로는 적당하지 못하고,
곡은 가히 등불로도 적당하지만
등불은 가히 달로는 적당하지 못하고,
붓은 가히 입으로도 적당하지만
입은 가히 붓으로는 적당하지 못하고,
여자종은 가히 남자종으로도 적당하지만
남자종은 가히 여자종으로는 적당하지 못하다.

▨ 술은 차로도 마시지만 차는 술로 마실 수는 없다. 운치를 읊는 시는 글로도 쓸 수 있지만 일반 글을 가지고는 시의 운치를 나타낼 수 없다. 곡은 사(詞)로도 쓸 수 있지만 사는 곡으로는 쓸 수가 없다. 달은 등불로 사용할 수 있지만 등불을 달로 삼을 수는 없다. 붓은 입과 같이 사용할 수 있지만 입은 붓과 같이 사용할 수 없다. 여자종은 남자종과 같이 부릴 수 있지만 남자종은 여자종처럼 부릴 수 없다.

酒可以當茶 茶不可以當酒
詩可以當文 文不可以當詩
曲可以當詞 詞不可以當曲
月可以當燈 燈不可以當月
筆可以當口 口不可以當筆
婢[1]可以當奴[2] 奴不可以當婢

1) 婢(비) : 여자종. 여자 하인.
2) 奴(노) : 남자종. 남자 하인.

50. 가슴 속의 조그마한 불평은

가슴 속의 조그마한 불평은 술로써 소화시키지만
세상 속의 큰 불평은 칼이 아니면 능히 해소시키지 못한다.

▨ 자신의 가슴 속 작은 불평불만은 술을 마셔 없앨 수 있지만, 이 세상의 커다란 불평불만은 칼(혁명)이 아니면 없앨 수 없다.

胸中小不平 可以酒消之
世間大不平 非劍不能消也

51. 부득이(不得已)하여 아첨하는 자는

부득이하여 아첨하는 자는
차라리 입으로 하고 붓으로는 하지 말 것이다.
가히 참지 못하여 꾸짖을 자가 있더라도
또한 차라리 입으로 하고 붓으로는 하지 말라.

▨ 이 세상을 살아가면서 마지못해 아부할 일이 있는데 이러한 때는 찾아가 말로 하고 붓으로 기록하지는 말 것이며, 이 세상에서 참다못해 꾸짖을 사람이 있을 때에도 입으로 직접 하고 붓으로 써서는 남기지 말라.

不得已而諛之者 寧以口毋以筆
不可耐而罵之者 亦寧以口毋以筆

52. 다정한 자는 반드시 여자를 좋아하는데

다정한 사람은 반드시 여자를 좋아하지만
여자를 좋아하는 자가
반드시 다 다정한 것에 속하는 것은 아니다.
홍안(紅顔)의 사람은 반드시 박명(薄命)하지만
박명한 자가
반드시 다 홍안에 속한 것은 아니다.
시(詩)에 능한 사람은 반드시 술을 좋아하지만
술을 좋아하는 자가
반드시 다 시에 능한 것은 아니다.

▨ 정이 많은 사람은 꼭 여색을 탐하지만 여색을 탐하는 사람이라고 다 정이 많은 것은 아니다. 홍안의 미인은 모두 박명하지만 박명한 사람이 다 홍안의 미인은 아니다. 시를 잘하는 사람은 반드시 술을 좋아하지만 술을 좋아하는 사람이라고 다 시를 잘 하는 것은 아니다.

多情[1]者必好色[2] 而好色者 未必盡屬多情
紅顔[3]者必薄命[4] 而薄命者 未必盡屬紅顔
能詩者必好酒 而好酒者 未必盡屬能詩

1) 多情(다정) : 인정이 많은 사람.

2) 好色(호색) : 여자를 좋아하다. 호색가(好色家).
3) 紅顔(홍안) : 얼굴이 붉고 아름다운 여자. 미인.
4) 薄命(박명) : 팔자가 기구하여 명이 짧다. 미인박명(美人薄命).

53. 매화는 사람을 고상하게 하고

매화는 사람을 고상하게 만들고,
난초는 사람을 그윽하게 만들고,
국화는 사람을 소박하게 만들고,
연꽃은 사람을 담백하게 만들고,
봄해당은 사람을 요염하게 만들고,
모란은 사람을 호걸스럽게 만들고,
파초와 대나무는 사람을 운치있게 만들고,
가을해당은 사람을 아름답게 만들고,
소나무는 사람을 편안하게 만들고,
오동나무는 사람을 맑게 만들고,
버들은 사람을 감동하게 만든다.

▨ 매화는 사람을 고매해지도록 하고 난초는 사람을 그윽해지도록 하며 국화는 사람을 질박해지도록 하며 연(蓮)은 사람을 담박해지도록 하고 봄해당화는 사람을 풍요해지도록 하며 모란은 사람을 호걸스럽도록 하고 파초나 대나무는 사람을 운치있게 하고 가을해당화는 사람을 아름답도록 해주며 소나무는 사람을 편안해지도록 하며 오동나무는 사람을 맑도록 해주고 버드나무는 사람에게 감동이 있게 한다.

梅令人高 蘭令人幽 菊令人野 蓮令人淡 春海棠令人艶 牡丹[1]
令人豪 蕉與竹令人韻 秋海棠令人媚 松令人逸 桐令人淸 柳令
人感

1) 牡丹(모란) : 목단. 작약과에 속하는 낙엽관목. 백색, 자색, 홍색 등의 크
  고 아름다운 꽃이 피며 근피(根皮)는 두통이나 건위(健胃), 지혈(止血)
  등의 한약재로 쓰인다.

54. 사물이 능히 사람을 감동시키는 것은

사물이 능히 사람을 감동시키는 것은
하늘에는 달 같은 것이 없고
악기에는 거문고 같은 것이 없고
동물에는 두견새 같은 것이 없고
식물에는 버들과 같은 것이 없다.

▨ 사물에서 사람을 감동시키는 것으로, 하늘에 있는 것 중에는 달 만한 것이 없고 악기 가운데에서는 거문고 만한 것이 없고 동물 중에서는 두견새 만한 것이 없고 식물 가운데는 버들 만한 것이 없다.

物之能感人者 在天莫如月 在樂莫如琴[1] 在動物莫如鵑[2] 在植物莫如柳

1) 琴(금) : 현악기의 한 가지. 옛날에는 다섯 줄로 되어 있었으나 뒤에 와
  서 일곱 줄로 되었다.
2) 鵑(견) : 두견새. 두견이과에 속하는 새.

55. 아내와 자식이 여럿이기를 바란다면

아내와 자식이 여럿이기를 바란다면
화정(和靖)이
매화로 아내 삼고 학으로 아들 삼은 것을
부러워할 것이요,
남종과 여종이 또한 직업에 이바지하는 것을 좋게 여긴다면
지화(志和)가
여종은 나무 시키고 남종은 고기잡이 시킨 것을
기뻐할 것이다.

▨ 자신의 아내나 자식이 여러 사람이 있기를 바라는 자는 화정 선생이 매화나무를 아내로 삼고 나는 학을 아들로 삼은 것을 부러워할 것이다. 남자종과 여자종들이 다 열심히 일하는 것을 좋게 여기는 자는 지화 선생이 여자종은 나무 시키고 남자종은 물고기 잡도록 한 것을 기뻐할 것이다.

妻子頗足累人 羨和靖[1]梅妻鶴子
奴婢亦能供職[2] 喜志和[3]樵婢漁奴

1) 和靖(화정) : 북송(北宋)의 학자 임포(林逋)로 자는 군복(君復)이다. 제1부 4번째 이야기의 주석에 자세히 나옴.
2) 供職(공식) : 직업에 이바지하다. 직업을 가지다.
3) 志和(지화) : 문인 장지화(張志和). 당(唐)나라 때 숨어 살았다.

56. 섭렵하는 것이 비록 쓸데없다고 이르지만

섭렵하는 것이 비록 쓸데없다고 이르지만
오히려 예와 지금을 통하지 못하는 데 감당할 수 있고
청고(淸高)가 고연(固然)한 것이 아름다울지라도
세상 돌아가는 일을 알지 못하는 데 흘러서는 안된다.

▨ 여러 가지 서적을 널리 읽는 것이 비록 쓸모가 없다고 하지만 옛날과 지금을 통하는 데는 꼭 필요한 것이요, 맑고 고상한 것이 본래부터 그러한 것을 아름답게 여기지만 당시의 바쁜 일을 알지 못하는 데 이르면 아무 쓸모가 없고 고루한 것이다.

涉獵[1]雖曰無用 猶勝于不通古今
淸高固然[2]可嘉 莫流於不識時務[3]

1) 涉獵(섭렵) : 여러 방면의 많은 책을 읽는 것.
2) 淸高固然(청고고연) : 청고는 깨끗하고 높다. 고연은 본래부터 그러하다.
3) 時務(시무) : 그 당시의 급한 일.

57. 완벽한 미인(美人)이란

이른바 미인(美人)이라는 것은
꽃으로써 얼굴을 삼고
새로써 소리를 삼고

달로써 신비스러움을 삼고
버들로써 형태를 삼고
옥으로써 뼈를 삼고
빙설(氷雪)로써 피부를 삼고
가을물로써 자태를 삼고
시와 글로써 마음을 삼으면
나는 간연(間然)이 없을 것이다.

▨ 세상에서 미인(美人)이라고 하는 사람이 아름다운 꽃과 같은 얼굴에 꾀꼬리같은 목소리, 달처럼 환한 신비로움, 바람에 나부끼는 버드나무같은 맵시, 옥과 같은 단단한 뼈, 얼음과 눈같이 흰 피부, 가을물같은 자태, 시(詩)와 사(詞)로써 이루어진 마음가짐이라면 나는 더 무슨 흠 잡을 곳이 없을 것이다.

所謂美人者 以花爲貌 以鳥爲聲 以月爲神 以柳爲態 以玉爲骨 以氷雪爲膚 以秋水爲姿 以詩詞爲心 吾無間然[1]矣

1) 間然(간연) : 잘못된 것을 지적하여 비난하다.

58. 사람이 무슨 물건이 되는 것인가

파리가 사람의 얼굴에 모이고
모기가 사람의 피부를 문다.
알지 못하겠다. 사람이 무슨 물건이 되는 것인가.

▨ 윙윙거리는 파리들이 사람의 얼굴에 자주 붙고 득실대는 모기

는 사람의 피를 빨아 먹는다. 과연 사람은 그들에게 어떤 물건으로 인식되는 것인지 알지 못하겠다.

蠅集人面 蚊嘬人膚 不知 以人爲何物

59. 숨어 사는 즐거움을 알지 못하는 사람

산림 속에 숨어 사는 낙이 있는데도
그 낙 누리는 것을 알지 못하는 자는
고기잡이, 나무꾼, 농사꾼, 승려, 도사들이다.
뜰의 정자에는 첩의 낙이 있는데도
그 낙을 누리지 못하고, 잘 누리지 못하는 자는
부자, 장사꾼, 큰 벼슬아치들이다.

▨ 자연 속에 숨어 살면서 즐기는 것이 있는데도 그것을 누리지 못하는 사람은 고기잡이나 나무꾼이나 농사꾼이나 승려나 도사들이다. 정원 안의 정자에서는 첩과 함께 노는 즐거움이 있는데도 그것을 누리지 못하거나 또 잘 누리지 못하는 사람들은 부자나 상인이나 큰 벼슬아치들이다.

有山林隱逸之樂 而不知享[1]者 漁樵也 農圃也 緇黃[2]也
有園亭姬妾[3]之樂 而不能享 不善享者 富商也 大僚[4]也

1) 享(향) : 즐기다. 누리다.
2) 緇黃(치황) : 승려와 도사. 중은 옛날에는 치의(緇衣)를 입었고 도사는 황관(黃冠)을 썼다.

3) 姬妾(희첩) : 첩. 곧 정실 아내가 아닌 여자.
4) 大僚(대료) : 큰 벼슬아치. 고관대작.

60. 매화와 해당화는 부부가 되지 못한다

『여거(黎擧)』에 이르기를 "매화를 해당화에게 장가 들게 하고 등자나무를 앵두의 신하로 삼고 겨자는 죽순에게 시집 보내고자 하는데 다만 시절이 동일하지 않다."고 했다.
 내가 이른다면 만물은 각각 짝이 있고 비교는 반드시 무리로써 해야 한다. 지금 시집 가고 장가 드는 것은 특별히 마땅치 아니한 것을 깨달았다.
 매화의 사물된 것은 품성에 있어서 최고로 맑고 고상하며 해당의 사물된 것은 자태가 극히 요염하여 곧 때를 같게 하여도 또한 가히 부부가 되지 못한다. 매화가 배꽃에게 장가 들고 해당이 살구나무에게 시집 가고 구연나무가 불수감나무를 신하로 삼고 여지가 앵두를 신하로 삼으며 가을해당이 색비름에게 시집 가는 것과 같지 못하니 이것이 거의 서로 맞는 것이다. 만약 겨자가 죽순에게 시집 가는 것 같은 데 이르면 죽순이 만일 감각이 있다면 반드시 하동사자(河東獅子)의 피해를 받을 것이다.

 ▨ 『여거』에 이런 말이 쓰여 있다. "매화꽃은 해당화에게 장가 들게 하고 등자나무는 앵두나무를 신하로 삼게 하고 겨자나무는 죽순에게 시집 가도록 하고자 하는데 단지 시절이 같지가 않구나."라고 내가 말한다면, 사물이란 각각의 짝이 있게 마련이고 비교하려면

반드시 그의 같은 무리에서 해야 된다. 앞에 거론한 시집 가고 장가 드는 것이 특히 마땅하지 못하다는 것을 깨달을 것이다. 매화의 인물 됨됨이는 품격이 매우 맑고 고상한데 해당화의 인물 됨됨이는 자태가 극히 요염하다. 곧 시절을 장차 같이 한다 하더라도 또한 부부가 되지는 못한다. 매화꽃이 배꽃에게 장가를 들고 해당화가 살구나무에게 시집을 가고 구연(레몬)나무가 불수감나무를 신하로 삼고 여지가 앵두를 신하로 삼고 가을해당화가 색비름에게 시집을 가는 것과 같아야 거의 서로 알맞는 것이다. 만약 겨자나무가 죽순에게 시집을 가는 것 같은 일이 있으면 죽순에게 지각이 있다면 반드시 하동사자의 피해를 받을 것이다.

  黎擧[1]云 欲令梅聘海棠 樝子[2]臣櫻桃 以芥[3]嫁笋[4] 但時不同耳 予謂 物各有偶 儗必於倫 今之嫁娶 殊覺未當
  如梅之爲物 品最淸高 棠之爲物 姿極妖艶 卽使同時 亦不可爲夫婦 不若梅聘梨花 海棠嫁杏 櫞臣佛手[5] 荔枝臣櫻桃 秋海棠嫁雁來紅 庶幾相稱耳 至若以芥嫁笋 笋如有知 必受河東獅子[6]之累矣

1) 黎擧(여거) : 옛날의 전해오는 말. 곧 당(唐)나라 풍지(馮贄)의 『운선잡기(雲仙雜記)』와 송(宋)나라 진사(陳思)의 『해당보(海棠譜)』와 명(明)나라 왕로(王路)의 『화사좌편(花史左編)』 속에 들어 있는 말.
2) 樝子(정자) : 등(橙)과 같다. 등자나무. 운향과에 속하는 작은 상록(常綠)교목으로 귤 비슷한 누런 열매가 열리는데 열매를 한약재로 쓴다.
3) 芥(개) : 겨자. 겨자과에 속하는 일년 또는 이년초. 갓과 비슷하며 씨는 맵고 향기로운 맛이 있어서 양념과 약용으로 쓰며 잎과 줄기는 먹는데 맛이 쓰다.
4) 笋(순) : 대순. 곧 죽순. 대나무의 죽순을 뜻한다.

5) 佛手(불수) : 불수감(佛手柑). 운향과에 속하는 상록관목. 열매는 유자와 비슷하며 불수감나무라고 한다.
6) 河東獅子(하동사자) : 황하(黃河)의 동쪽 언덕에는 사자가 으르렁 거린다는 뜻으로 아내가 포악하여 남편에게 큰 소리로 욕설을 하는 것을 빗댄 말이다. 송(宋)나라 때 소동파의 벗 진조의 아내 유씨(柳氏)는 하동 사람으로 성질이 포악하여 손님이 올 때마다 남편을 큰 소리로 꾸짖었으므로 소동파가 이를 조롱하여 지은 시에서 나온 말로 하동사자후(河東獅子吼)라는 글귀가 있다.

61. 오색(五色)은 너무 지나친 것이 있고

오색(五色)은
너무 지나친 것도 있고 미치지 못한 것도 있다.
오직 흑(黑)과 백(白)만이 너무 지나친 것이 없다.

▨ 청색, 황색, 적색, 백색, 흑색의 다섯 가지 색은 너무 지나친 것도 있고 미치지 못한 것도 있다. 오직 검은색과 흰색만이 너무 지나친 것이 없을 뿐이다.(이것은 회화에서 논한 것이다.)

五色[1] 有太過 有不及
惟黑與白 無太過

1) 五色(오색) : 청색, 황색, 붉은색, 흰색, 검은색의 다섯 가지.

62. 허씨의 설문(說文)의 부(部)를 나눈 것이

 허씨(許氏)의 설문(說文)의 부(部)를 나눈 것이 그 부(部)만 있는 것에 그치고 소속된 글자가 없는 것이 있다. 아래의 주석에 이르기를 무릇 모(某)의 소속은 다 모(某)를 따른다. 췌구(贅句)이다. 특히 가히 웃음을 깨달았다. 어찌 이 한 구를 덜지 않으랴.

 ▨ 한(漢)나라의 『설문해자(說文解字)』의 부(部)를 나눈 것이 그 부만 있는 것에 그치고 소속된 글자가 없는 것이 있다. 아래의 주석에는 무릇 아무 곳의 소속이라고 하고 다 아무 곳을 따른다 했는데 불필요한 글귀이다. 특히 웃음만 느껴진다. 어찌 이 한 자구를 덜어내지 않았는가?

 許氏說文[1]分部 有止有其部而無所屬之字者 下必註云 凡某之屬 皆從某 贅句[2] 殊覺可笑 何不省此一句乎

1) 許氏說文(허씨설문) : 허신(許愼)의 『설문해자(說文解字)』. 허신은 후한(後漢) 초기의 학자. 자(字)는 숙중(叔重). 박학(博學)으로 널리 알려졌으며, 『설문해자』 14편을 편찬했다. 당시 고전의 자체모범으로 삼았으며 한자의 자의(字義)의 자형(字形)을 설명한 것이다. 총 540부수(部首)로 나누고 9,350자를 해설하였다.
2) 贅句(췌구) : 불필요한 글귀.

63. 『수호지』를 읽다 보면

『수호전』을 읽다 보면 '노달(魯達)이 진관서(鎭關西)를 치고 무송(武松)이 호랑이를 치다.'에 이른다.

이것을 생각해 보면, 인생이란 반드시 한 편의 극히 유쾌한 일이 있을 때는 바야흐로 삶의 한 장소에 있더라도 굽히지 않는다. 곧 그 일에 있어 능숙하지 못하더라도 또한 한 종(種)의 득의(得意)의 글을 얻어 부딪치면 거의 유감이 없을 것이다.

▨ 4대 기서의 하나인『수호지(水滸志)』120회의 제3회를 읽다 보면 '노달이 진관서를 쳐부수고 무송이 호랑이를 때려 잡다.'라고 쓰여 있다. 이곳을 읽다 생각해 보면 인생이란 한 편의 극히 기분 좋은 일이 있을 때는 바야흐로 삶의 한 편에서도 굽히지를 않는 것이다. 이것은 곧 그 일에 있어서는 능란하지 못하더라도 하나의 자신의 뜻을 얻은 곳에 부딪치게 되면 모든 것의 후회가 없는 것이다.

閱水滸傳 至魯達[1]打鎭關西 武松打虎 因思 人生必有一椿[2]極快意事 方不枉在生一場[3] 即不能有其事 亦須著得一種得意之書 庶幾無憾耳

1) 魯達(노달) :『수호지』에 나오는 무사 이름.
2) 一椿(일용) : 한 편. 한 장. 한 막.
3) 在生一場(재생일장) : 한 마당의 인생. 한 번의 인생.

64. 봄바람은 술과 같고

봄바람은 술과 같고,
여름바람은 차와 같고,
가을바람은 연기와 같고,
겨울바람은 생강과 겨자와 같다.

▨ 온화한 봄바람은 감미로운 술과 같고, 시원한 여름바람은 마음을 적셔 주는 차와 같고, 서늘한 가을바람은 들이마시는 담배연기와 같고, 차가운 겨울바람은 맵고 독한 생강과 겨자와 같다.

春風如酒
夏風如茗
秋風如烟[1]
冬風如薑芥[2]

1) 烟(연) : 담배연기를 뜻하는 것 같다.
2) 薑芥(강개) : 생강과 겨자. 다 맵고 독하다.

65. 얼음이 금 간 무늬는 지극히 우아하다

얼음이 금 간 무늬는 지극히 우아하다.
그러나 가는 것이 좋고 비대한 것은 좋지 않다.
만약에 창난(窓欄)에 만들어지면

특히 보는 것을 견디지 못한다.

▨ 얼음이 충격을 받아 금 간 무늬는 지극히 우아하다. 그러나 가느다랗게 금 간 것이 좋고 크게 깨진 것은 좋지 않다. 만약 창문의 난간에 매달리면 특히 오래도록 바라보지 못한다.(곧 햇빛에 녹기 때문에)

氷裂紋[1]極雅 然宜細 不宜肥 若以之作窓欄[2] 殊不耐觀也
1) 氷裂紋(빙렬문) : 얼음이 깨진 무늬.
2) 窓欄(창난) : 창문의 난간.

66. 새 중에서 소리가 가장 아름다운 새는

새의 소리가 가장 아름다운 새는 화미조(畵眉鳥)가 제일이고 꾀꼬리와 때까치가 그 다음이다. 그러나 꾀꼬리와 때까치는 세상에서 새장 속에 넣어 기르는 자가 있지 않다. 그 거의 고상한 선비의 짝으로 듣기만 할 뿐 그것을 억누를 수는 없는 것이다.

▨ 모든 새의 지저귀는 소리 가운데 가장 아름다운 소리를 내는 것은 화미조(畵眉鳥)가 제일이다. 꾀꼬리나 때까치는 그 다음이다. 그러나 꾀꼬리나 때까치는 이 세상 사람들이 새장에 넣어 기르지 아니한다. 그저 고명한 선비의 마음 속에 짝으로 그 울음소리를 듣기만 할 뿐이요, 그들에게 '그만 울어라, 더 울어라.' 할 수는 없는 것이다.

鳥聲之最佳者 畫眉[1]第一 黃鸝 百舌[2]次之 然黃鸝 百舌 世
未有籠而畜之者 其殆高士之儔 可聞而不可屈者耶

1) 畫眉(화미) : 화미조. 두루미목과에 속하는 새. 중국이 원산지로 우는 소리가 곱다. 눈 가장자리에 눈썹같은 흰 무늬가 있으므로 이름하였다.
2) 黃鸝百舌(황리백설) : 황리는 꾀꼬리. 백설은 때까치. 꾀꼬리는 창경이라고도 한다. 백설은 일명 개고마리, 백로(伯勞)라고도 한다.

67. 생산(生產)을 하지 아니하면

생산(生產)을 하지 않으면
그 뒤에는 반드시 남에게 폐를 끼치는 데 이르고,
오로지 교유(交遊)에만 힘쓰면
그 뒤에는 반드시 자신에게 폐가 이른다.

▨ 생산을 하지 않으면 반드시 타인에게 피해를 끼쳐야 하고, 사람을 사귀는 데에만 힘쓰면 그 뒤에는 피해가 자신에게 다시 돌아온다.

不治生產 其後必致累人
專務交遊 其後必致累己

68. 부인(婦人)이 글자를 아는 것은

옛 사람이 이르기를 "부인이 글자를 알면 많이 음란을 가르치는 데 이른다."고 했다.

나는 말하겠다. 이것은 글자를 아는 과오는 아니다. 대개 글자를 안다고 듣는 것이 없는 사람은 아니다. 그 음란이란 사람이 얻어 알기가 쉽기 때문이다.

▨ 옛날 사람이 말하기를 "부인(婦人)이 글자를 아는 것은 음란하도록 가르치는 것이다."라고 했는데, 나는 말하건대 이것은 글자를 아는 데서 오는 과오가 아니다. 대개 사람이 글자를 안다고 해서 귀로 듣는 것이 없는 것은 아니다. 그 음란한 것은 사람이 얻고 알기가 쉽기 때문에 오는 것이다.

昔人[1]云 婦人識字 多致誨淫[2]
予謂 此非識字之過也 蓋識字 則非無聞之人 其淫也 人易得而知耳

1) 昔人(석인) : 옛 사람. 누구인지 확실하지 않은 옛 사람.
2) 誨淫(회음) : 음란한 것을 가르치다.

69. 독서를 잘 하는 사람은

독서(讀書)를 잘 하는 사람은
가는 곳이 글이 아닌 곳이 없다.
산과 물도 또한 글이요,
바둑과 술도 또한 글이요,
꽃과 달도 또한 글이다.
산수(山水)를 잘 유람하는 자는
가는 곳이 산과 물이 아닌 곳이 없다.

책 속에도 또한 산과 물이요,
시와 술도 또한 산과 물이요,
꽃과 달도 또한 산과 물이다.

▨ 책을 읽는 데 진미를 터득한 사람이라면 어느 곳이나 책이 아닌 것이 없다. 산이나 물에 가도 책이 있고 바둑이나 술을 마셔도 책이 있으며 꽃이나 달에도 책이 있다. 산이나 물에서 유람하는 것을 잘 터득한 사람은 어느 곳이고 산이나 물이 아닌 곳이 없다. 서책 속에서도 산이나 물을 느끼며 시(詩)나 술에서도 산이나 물을 느끼며 꽃이나 달에서도 산이나 물을 느끼는 것이다.

　　善讀書者 無之而非書 山水亦書也 棋酒亦書也 花月亦書也
　　善遊山水者 無之而非山水 書史¹⁾亦山水也 詩酒亦山水也 花月亦山水也

1) 書史(서사) : 서책(書冊). 또는 서책에 관한 기록.

70. 정원 안에 있는 정자에서의 묘미란

　정원 안에 있는 정자의 묘미란 언덕이나 골짜기에 포치(布置)하여 있느냐에 있는 것이지 새긴 그림이 오밀조밀하게 된 데에 있지 않다. 가끔 남의 집 정원의 정자를 보면 용마루나 담 모퉁이나 벽돌에 조각하고 기와에 아로새겼는데 지극히 교묘하지 아니한 것이 없다. 그러나 오래지 않아서 곧 무너지고, 무너진 뒤에는 수리하고 관장하기가 극히 어렵다. 이 어찌 소박한 것이 아름다움이 되는 것 같겠는가?

제2부 달과 꽃과 미인 163

▨ 경치 좋은 정원 안에 있는 정자(亭子)의 짜임새란 높은 언덕이나 깊은 골짜기 속에 주위의 경치와 알맞게 들어서 있는가에 있고, 그림을 아로새기고 자질구레하게 늘어 놓은 것에 있지 않다. 가끔씩 다른 집 정원 안의 정자를 구경하는데, 용마루나 담 모퉁이를 벽돌로 쌓고 기와로 아로새겨 인조의 아름다움을 다하고 있다. 그러나 이러한 것은 오래지 않아서 곧 무너지고, 무너진 뒤에는 그것을 다시 수리하고 꾸미는 일이 지극히 어려워진다. 이러한 정자가 주위의 아름다운 자연을 배경으로 소박하게 갖추어진 것보다 어찌 아름답다고 할 수 있으랴.

園亭[1]之妙 在邱壑布置[2] 不在雕繪瑣屑[3] 往往見人家園亭 屋脊牆頭[4] 雕甎鏤瓦[5] 非不窮極工巧 然未久卽壞 壞後極難修葺[6] 是何如樸素[7]之爲佳乎

1) 園亭(원정) : 정원 안의 정자. 별장.
2) 布置(포치) : 분배하여 늘어 놓다. 꾸며 놓다.
3) 雕繪瑣屑(조회쇄설) : 새기고 그리고 하여 자질구레하게 꾸몄다. 곧 오밀조밀하게 꾸몄다.
4) 屋脊牆頭(옥척장두) : 옥척은 용마루. 장두는 담의 모퉁이. 곧 직각된 곳.
5) 雕甎鏤瓦(조전루와) : 벽돌에 새기고 기와에 무늬를 새기는 것.
6) 修葺(수즙) : 새로 덮고 무너진 곳을 보수하다.
7) 樸素(박소) : 인공(人工)을 가미하지 않은 것. 자연 그대로인 것.

제3부
나비와 바람과 물과 …

물의 소리는 4가지가 있다.
폭포소리가 있고
흐르는 샘물소리가 있고
여울물소리가 있고
도랑물소리가 있다.
바람의 소리는 3가지가 있다.
소나무가 바람에 흔들리는 소리가 있고
가을 낙엽이 달랑거리는 소리가 있고
물결치는 소리가 있다.
비의 소리는 2가지가 있다.
오동잎이나 연꽃잎 위의 소리가 있고
처마에 맺어 떨어지는 낙숫물이
대통 속으로 이어지는 소리가 있다.

1. 고요한 밤에 홀로 앉아서

맑은 밤에 홀로 앉아 달을 맞아 수심을 말하라 하고,
좋은 밤에 홀로 누워 귀뚜라미를 불러 한을 말하라 한다.

▨ 맑고 고요한 밤에 홀로 앉아 달을 맞이하여 달의 수심을 말하라 하고, 고요하고 좋은 밤 홀로 누워 귀뚜라미를 불러 귀뚜라미의 한을 말하라 한다.(곧 맑고 밝은 밤에 홀로 앉아 달을 즐기고 고요한 밤에 홀로 누워 귀뚜라미의 노래소리를 듣는다.)

清宵獨坐 邀月言愁
良夜孤眠 呼蛩[1]語恨

1) 蛩(공) : 귀뚜라미. 실솔(蟋蟀)이라고도 한다.

2. 관청의 소리는 여론에서 채취한다

관청의 소리는 여론에서 채취하는데
호우(豪右)의 입에서나 한걸(寒乞)의 입에서는
그 진실을 얻을 수가 없다.
화안(花案 : 미인 선발)은 공평무사한 마음에서 정해지는데
아름답다는 평이나 키작고 못생겼다는 평은
대개 그 실상을 잃을까 두려워한다.

▨ 일반 관청의 잘잘못의 소리는 세상의 여론에서 채취하여 쓴다. 세력가의 여론이나 비천한 사람들의 여론은 다 그 진실을 얻기가 어렵다. 미인을 뽑는 데는 사심이 없는 마음으로 정해야 한다. 아름답다는 평가나 못나고 못생겼다는 평은 대개가 그 진실을 잃을까 두려워지는 것이다.

官聲[1]採於輿論 豪右[2]之口與寒乞[3]之口 俱不得其眞
花案[4]定於成心 艶媚之評與寢陋[5]之評 槪恐失其實

1) 官聲(관성) : 관리의 근무 태도.
2) 豪右(호우) : 지방에 사는 세력가. 곧 터주대감.
3) 寒乞(한걸) : 옷이 남루하고 더러운 거지들.
4) 花案(화안) : 미인을 선발하는 일.
5) 寢陋(침루) : 키가 작고 용모가 보기 싫다. 또는 체격이나 용모가 아주 보잘 것 없는 것. 추녀.

3. 가슴에 언덕이나 깊은 계곡을 감추면

가슴에 언덕이나 깊은 계곡을 감추어 두면
성안의 시가지도 산림(山林)과 다르지 않고,
흥겨운 것을 자연의 경치에 의지하면
염부(閻浮)도 봉래산과 같다.

▨ 사람의 가슴 속에 높은 언덕 깊은 계곡을 품고 있으면 번잡한 시가지도 산림이나 다를 것이 없고, 흥취를 자연의 절경에만 의지한다면 염부수의 산림도 봉래산의 경치와 같은 것이다.

胸藏邱壑 城市不異山林
興寄烟霞[1] 閻浮[2]有如蓬島[3]

1) 烟霞(연하) : 자연의 아름다운 경치. 안개와 노을.
2) 閻浮(염부) : 불교에서 말하는 염부수(閻浮樹)의 수풀.
3) 蓬島(봉도) : 신선이 산다는 곳. 봉래산(蓬萊山).

4. 오동나무는 식물 가운데 청품(淸品)이요

 오동나무는 식물 가운데 청품(淸品)인데 형가(形家)에서는 유독 꺼리는 것이 심하다. 또 이르기를 오동나무는 큰 것은 두(斗)와 같아 주인이 밖으로 갈 때 '어서 가라'고 하는 것이다. 마침내 상서롭지 못한 물건인 것처럼 보는 것과 같다.
 대개 오동을 꺾어서 동생을 봉한 것으로 그것이 궁중(宮中)의 오동인 것을 알 수 있다. 복세(卜世)하여 가장 오래도록 인정받은 것은 주(周)나라에 지나침이 없다. 세속의 말을 족히 증거 삼지는 못하는 것이 그 종류가 이와 같은 것인가.

 ▨ 식물 가운데 오동나무는 제일 품성이 맑은 것으로 여기는데 풍수가(風水家)에서는 유독 금기시한다. 또 말하기를 오동나무는 북두칠성의 국자와 같아서 주인을 옛부터 밖으로 나가도록 한다고 했다. 이것은 필경 상서롭지 못한 것을 보여 주는 것이다. 대개 오동나무를 꺾어 규(圭)를 만들어 그의 아우를 제후에 봉했다고 하는 옛말을 보더라도 궁(宮)의 한 가운데에 오동나무가 있었던 것을 알 수 있다. '몇대나 계속 천자의 자리에 있을 것인가'의 운수를 보는 것을 가장 최초로 시작한 것은 주(周)나라보다 먼저 한 곳이 없다.

시중의 흘러다니는 속된 말이 족히 믿을 것이 못되는 것을 여기에서 볼 수 있다.

梧桐爲植物中淸品[1] 而形家[2]獨忌之甚 且謂 梧桐大如斗[3] 主人往外走 若竟視爲不祥之物也者
夫翦桐封弟[4] 其爲宮中之桐可知 而卜世[5]最久者 莫過于周[6] 俗言之不足據 類如此夫

1) 淸品(청품) : 원래는 좋은 벼슬의 뜻. 여기서는 맑은 품성으로 쓰인다.
2) 形家(형가) : 풍수가(風水家). 관상가(觀相家).
3) 斗(두) : 북두칠성. 북두칠성이 국자와 같아서 무엇을 떠서 버리는 형국으로 그것을 표현한 것.
4) 翦桐封弟(전동봉제) : 주(周)나라의 성왕(成王)이 동궁시절에 그의 사촌동생인 당숙우(唐叔虞)를, 오동나무를 꺾어 규(圭)로 만들어 제후로 봉한 장난을 했다. 성왕이 왕이 되자 주공(周公)이 제왕은 헛된 말이 있을 수 없다고 숙우(叔虞)를 진(晋)나라의 제후로 봉해준 고사에서 유래된 것.
5) 卜世(복세) : '몇세대나 존속할 것인가' 점을 치는 것. 곧 운수를 보는 것.
6) 周(주) : 중국의 주(周)나라.

5. 죽고 사는 것으로 마음을 바꾸지 않는다

다정한 자는
죽고 사는 것으로써 마음을 바꾸지 아니한다.
마시기를 좋아하는 자는
차고 더운 것으로써 주량을 고치지 아니한다.
독서를 즐거워하는 자는

바쁘고 한가한 것으로써 계속하고 중지하지 않는다.

▨ 인정이 많은 사람은 죽음이나 삶 때문에 마음을 바꾸지 아니하는 것이요, 술 마시기를 좋아하는 사람은 춥고 덥다고 하여 주량을 줄이지 아니하는 것이요, 책 읽기를 즐겨하는 자는 바쁘거나 한가하거나를 가리지 않고 항상 즐겨 읽는다.

多情者 不以生死易心
好飮者 不以寒暑改量
喜讀書者 不以忙閒作輟

6. 거미는 나비의 적국(敵國)이요

거미는 나비의 적국(敵國)이요,
당나귀는 말의 부용(附庸)이다.

▨ 거미는 거미줄을 쳐서 나비를 잡는 것으로 나비의 적국이 되고, 당나귀는 말이 아니니 천자 나라의 제후는 못되고 큰 제후국에 소속된 작은 나라와 같은 존재이다.

蛛爲蝶之敵國
驢[1]爲馬之附庸[2]

1) 驢(여) : 당나귀. 말의 일종인데 몸이 작고 귀가 길나.
2) 附庸(부용) : 천자의 직속 제후가 아니고 큰 제후국에 소속된 작은 나라.

7. 품(品 : 法)을 세우는 것은

품(品 : 法)을 세우는 것은
모름지기 송(宋)나라 사람의 도학(道學)을 발전시키는 것이요,
세상을 관계하는 것은
모름지기 진(晋)나라시대의 풍류(風流)에 참여하는 것이다.

▨ 나라에 법을 세우는 것은 송나라시대의 도학(道學 : 儒學)을 발전시키는 것이요, 세상을 간섭하는 것이란 진(晋)나라시대의 풍류에 합류하는 것이다.

立品須發乎宋人之道學[1]
涉世[2]**須參以晋代之風流**

1) 道學(도학) : 송(宋)나라시대의 정호(程顥). 정이(程頤). 주희(朱熹)의 성리학(性理學). 곧 공자의 학문을 계승 발전.
2) 涉世(섭세) : 세상 일을 겪다. 세상 일을 많이 겪다.

8. 새와 짐승도 인륜을 안다고 이르는데

옛날에 이르기를 새와 짐승도 또한 인륜(人倫)을 안다고 했다.
나는 말하겠다. 유독 새와 짐승 뿐이 아니다. 풀과 나무에 나아가도 또한 그러하다.

모란은 왕이 되고 작약은 재상이 되는데 그것은 임금과 신하이다. 남산(南山)의 교(喬)와 북산(北山)의 재(梓)라는 것은 그 아비와 아들이다. 가시나무가 나뉜다는 것을 듣고는 마르고, 나뉘지 않는다는 것을 듣고 산 것은 그 형과 아우이다. 연(蓮)이 꽃받침대를 함께 한 것은 그 남편과 아내이다. 난초의 같은 마음은 그 벗과 벗이다.

▨ 옛부터 전하는 말에 새와 짐승도 또한 인륜을 알고 있다고 했다. 나는 말하겠다. 유독 새와 짐승만이 아니다. 풀이나 나무에 나아가서도 또한 인륜을 아는 것이 있다. 모란은 꽃 중의 왕이요, 작약은 꽃의 재상이다. 이것은 임금과 신하의 관계에 해당된다. 남산(南山)의 교(喬)나 북산(北山)의 재(梓)라는 것은 아버지와 아들의 관계에 해당된다. 형수(荊樹)는 나뉜다는 소리를 듣고 말랐다가, 다시 나누지 않는다는 소리를 듣고 살아났는데 이는 형과 아우의 관계와 같다. 난초의 한 마음으로 통일된 것은 벗과 벗의 관계와 같은 것이다.

古謂禽獸[1]亦知人倫
予謂 匪獨禽獸也 卽草木亦復有之
牡丹[2]爲王 芍藥[3]爲相 其君臣也 南山之喬 北山之梓[4] 其父子也 荊之聞分[5]而枯 聞不分而活 其兄弟也 蓮之竝蒂[6] 其夫婦也 蘭之同心[7] 其朋友也

1) 古謂禽獸(고위금수) : '옛날에 새나 짐승을 이르다'의 뜻. 곧 호랑이와 이리는 부자의 인을 알고, 승냥이나 수달은 먹기전에 제사를 지낼 줄 알고, 벌이나 개미는 군사의 의를 안다고 했다.
2) 牡丹(모란) : 목단. 꽃 가운데 왕으로 칭한다.
3) 芍藥(작약) : 꽃 가운데 제2의 서열로 꽃의 재상에 해당한다. 작약과에

속하는 다년초. 크고 아름다운 꽃이 되고 흰꽃과 붉은꽃의 2종류가 있
다. 뿌리는 약재로 쓰인다.
4) 南山之喬 北山之梓(남산지교 북산지재) : 교(喬)와 재(梓)는 다 나무 이
름. 교(喬)나무는 고고연(高高然)하여 아버지의 도리를 알고 재(梓)나무
는 진진연(晋晋然)하여 자식의 도리를 안다고 했다.
5) 荊之聞分(형지문분) : 옛날 전씨(田氏) 3형제가 아버지의 재산을 똑같이
나누어 독립하는데 재산을 분배하면서 뜰안에 있는 형(荊)나무를 3등분
으로 나눈다고 하자 말라 버리고, 나누지 않는다고 하자 다시 살아난
데서 형제의 의를 안 나무라고 하였다.
6) 蓮之竝蒂(연지병체) : 연꽃은 꽃받침대와 연봉이 함께 의지하고 있으므
로 부부에 비유.
7) 蘭之同心(난지동심) : 『주역』 계사전상(繫辭傳上)에 동심지언 기취여란
(同心之言 其臭如蘭)이라고 했다. 곧 한 마음으로 통일되어 나오는 말
은 그 향기가 난초와도 같다고 한 데서 비롯되었다.

9. 호걸들은 성인이나 현인들을 가벼이 여기고

호걸들은 성인(聖人)이나 현인(賢人)들을 가벼이 여기고,
문인(文人)들에게는 재주 있는 사람이 많다.

▨ 재덕(才德)이 뛰어난 사람들은 성인이나 현인들을 경멸하는
것이요, 글을 잘 하는 문인(文人)들 중에 재주 있는 사람들이 많이
있는 것이다.

豪傑[1] 易于聖賢

文人多於才子[2]

1) 豪傑(호걸) : 재덕(才德)이 뛰어난 사람. 또는 무용(武勇)이 절륜한 사람.
2) 才子(재자) : 재주가 많은 사람.

10. 하나는 벼슬하고 하나는 숨는다

소와 말은, 하나는 벼슬하고 하나는 숨는다.
사슴과 돼지는, 하나는 신선이고 하나는 보통이다.

▨ 소는 열심히 일하는 것으로 벼슬을 하는 것과 같고 말은 신속한 것으로 벼슬살이가 마땅하지 않아 숨어서 사는 것과 같다. 사슴은 대자연에서 살기 때문에 신선과 같고 돼지는 우리 안에 있는 것이 보통 사람들이 법의 테두리 안에 있는 것과 같다.

牛與馬 一仕而一隱[1]也
鹿與豕 一仙而一凡[2]也

1) 一仕而一隱(일사이일은) : 하나는 벼슬하고 하나는 숨어 있다. 곧 소는 열심히 일하는 것으로 한 곳에 정착하여 벼슬하는 것과 같고, 말은 신속하게 행동하여 이곳 저곳 마음대로 왔다갔다 하므로 얽매여 있지 않는 데에서 연유한 것이다.
2) 一仙而一凡(일선이일범) : 하나는 신선이고 하나는 보통 사람이다. 곧 사슴은 대자연을 상대하기 때문에 신선과 같고 돼지는 우리 속에 갇혀 있으므로 일반 백성이 법의 테두리 안에 있는 것과 같은 것이다.

11. 지극한 문장은 피눈물에서 이루어진 것

옛날이나 지금이나
지극한 문장은 다 피눈물에서 이루어진 것이다.

▨ 사람의 심금을 울리는 문장은 옛날이나 현재나 다 피눈물나는 인고 끝에 이루어진 것들이다.(아름다운 문장도 많은 노력에 의하여 이루어진다는 것이다.)

古今至文 皆血淚所成

12. 정(情)이라는 한 글자가

정(情)이라는 한 글자가 세계를 유지하는 바요,
재(才)라는 한 글자가 하늘과 땅을 꾸며 색칠하는 것이다.

▨ 정(情)이라는 글자 한 자가 이 세계를 유지하고 있는 것이요, 재주 재(才)라는 한 글자가 하늘과 땅을 마음대로 꾸미고 색칠을 하는 것이다.

情之一字 所以維持世界
才之一字 所以粉飾乾坤[1]

1) 粉飾乾坤(분식건곤) : 건곤은 하늘과 땅. 분식은 꾸며 색칠하다. 하늘과

땅을 마음대로 꾸미고 거기에 다시 색칠을 하다. 곧 호화롭게 꾸미다.

13. 공자는 동쪽의 노나라에서 태어났다

공자(孔子)는 동쪽의 노(魯)나라에서 태어났다. 동쪽이라는 곳은 태어나는 방위이다. 그러므로 예악문장(禮樂文章)이란 그 도가 다 없는 것에서부터 있게 된 것이다.
석가(釋迦)는 서방(西方)에서 태어났다. 서쪽이라는 곳은 죽는 땅이다. 그러므로 수상행식(受想行識)이란 그 가르침이 다 있는 것에서부터 없어지는 것이다.

▨ 유학(儒學)의 개조(開祖)인 공자(孔子)는 동쪽인 노(魯)나라에서 태어났다. 동쪽이라는 곳은 생명의 방위이다. 그러므로 예(禮)와 악(樂)과 문(文)과 장(章)이라는 모든 도(道)가 없는 것에서부터 있게 되었다. 석가모니는 서쪽 방위에서 태어났다. 서쪽이라는 곳은 죽음의 땅이다. 그러므로 수(受)와 상(想)과 행(行)과 식(識)이라는 그의 가르침은 다 이 세상에 있는 것에서부터 없어지는 것이다.

孔子生於東魯[1] 東者生方 故禮樂文章 其道皆自無而有[2]
釋迦生于西方 西者死地 故受想行識[3] 其教皆自有而無

1) 東魯(동노) : 노(魯)나라는 산동(山東)과 산서(山西)로 나뉘는데 동쪽의 노(魯)나라와 서쪽의 노(魯)나라로 구분한다.
2) 自無而有(자무이유) : 없는 것에서부터 새롭게 태어났다.
3) 受想行識(수상행식) : 불교의 오온(五蘊 : 色受想行識)에서 '색(色)'을

뺀 사온(四蘊)을 말한다.

14. 푸른 산이 있으면 푸른 물이 있다

푸른 산이 있으면 바야흐로 푸른 물이 있다.
물은 오직 빛을 산에서 빌린 것이다.
아름다운 술이 있으면 또 아름다운 시가 있다.
시 또한 영감을 술에서 구걸한 것이리.

▨ 땅에 푸른 산이 있으면 푸른 물이 있게 마련이다. 이 물은 그 빛을 산에게서 빌려온 것이다. 세상에 맛좋은 술이 있으면 아름다운 시가 있게 마련이다. 이 시는 또한 영적인 것을 술에서 구걸한 것이다.

有靑山 方有綠水 水惟借色于山
有美酒 便有佳詩 詩亦乞靈於酒

15. 엄군평(嚴君平)은 점을 쳐 학문을 강의하고

엄군평(嚴君平)은 점을 쳐 학문을 강론한 사람이고
손사막(孫思邈)은 의사로써 학문을 강론한 사람이며
제갈무후(諸葛武侯)는 출사(出師)하여 학문을 강론한 사람이다.

▨ 한(漢)나라의 엄준(嚴遵)은 점을 쳐서 생계를 이어가며 학문을 강론하였고, 당(唐)나라의 손사막은 의사로써 생업을 이어가며 학문을 강론하였으며, 제갈공명(諸葛孔明)은 군사를 출동시키면서 학문을 강론하였다.

嚴君平[1] 以卜講學者也
孫思邈[2] 以醫講學者也
諸葛武侯[3] 以出師[4]講學者也

1) 嚴君平(엄군평) : 한(漢)나라 사람으로 이름은 준(遵). 군평은 자(字)인데 자로 행세하였다. 한 나라의 성도(成都)에서 복서(卜筮)로 생계를 이어가며 노자(老子)를 깊이 연구하여 『노자지귀(老子指歸)』를 저술하였다.
2) 孫思邈(손사막) : 당(唐)나라시대의 은사(隱士)이며 화원(華原)사람이다. 노장(老莊)의 학문을 즐겨 했으며 또 음양(陰陽), 의약(醫藥), 천문(天文) 등에 달통하였다. 의약서인 『천금방(千金方)』 93권을 저술하였다.
3) 諸葛武侯(제갈무후) : 삼국시대(三國時代)의 촉(蜀)나라 재상 제갈량(諸葛亮)이며, 자는 공명(公明)이고 무후에 봉해졌다. 융중(隆中)에 은거하고 있을 때 유비(劉備)가 삼고초려(三顧草廬)하여 출사(出仕)시켰다. 유비로 하여금 촉나라를 건국케 하였다.
4) 出師(출사) : 제갈공명이 지은 출사표(出師表)이며 명문장으로, 지금도 『고문진보』에 전해지고 있다.

16. 사람은 여자가 남자보다 아름답고

사람은 여자가 남자보다 아름답고,
새는 숫컷이 암컷보다 화려하고,

짐승은 암컷, 숫컷의 분별이 없다.

▨ 인간들은 여성이 남성보다 더 아름답고, 새들은 숫컷이 암컷보다 더 화려하고, 짐승들은 암컷이나 숫컷이나 외모가 별로 구분이 안된다.

人則女美于男
禽則雄華於雌
獸則牝牡[1]無分者也

1) 牝牡(빈모) : 암컷과 숫컷을 말한다.

17. 거울이 운수가 나쁘면 모모(嫫母)를 만나고

거울이 운수가 나쁘면 모모(嫫母)를 만나는 것이요,
벼루가 운수가 사나우면 속자(俗子)를 만나는 것이요,
칼이 운수가 사나우면 용렬한 장수를 만나는 것으로
다 가히 어찌할 수 없는 일들이다.

▨ 거울이 재수가 없으면 황제(黃帝)임금의 제4비(第四妃)같은 못생긴 모모를 만나는 것이요, 벼루가 재수가 없으면 풍류를 모르는 속된 사람을 만나는 것이요, 칼이 재수가 없으면 별볼일없는 장수를 만나는 것이다. 이러한 것들은 가히 어쩔 도리가 없는 일이다.

鏡不幸而遇嫫母[1] 硯不幸而遇俗子[2] 劒不幸而遇庸將[3] 皆無可奈何之事

1) 嫫母(모모) : 고대 중국 황제(黃帝)임금의 4번째 비(妃)로 아주 못생겼으며, 그녀를 못생긴 여자의 대명사로 부른다.
2) 俗子(속자) : 풍류(風流)를 이해하지 못하는 속된 사람. 일반 통속적인 사람.
3) 庸將(용장) : 어리석은 장수. 또는 평범한 장수.

18. 천하에 글이 없으면 그만두지만

천하에 글이 없으면 그만두지만
있으면 반드시 읽는 것이 좋고,
술이 없으면 그만두지만
있으면 반드시 마시는 것이 좋고,
명산이 없으면 그만두지만
있으면 반드시 유람하는 것이 좋고,
꽃과 달이 없으면 그만두지만
있으면 반드시 완상(玩賞)하는 것이 좋고,
재주 있는 사람, 아름다운 여자가 없으면 그만 두지만
있으면 반드시 사랑하고 아끼는 것이 좋다.

▨ 이 세상에 책이 없다면 읽지 못하지만 책이 있다면 반드시 읽을 것이요, 이 세상에 술이 없다면 마시지 못하지만 술이 있다면 반드시 마실 것이요, 이 세상에 이름난 산이 없다면 구경하지 못하지만 유명한 산이 있다면 반드시 구경할 것이요, 이 세상에 꽃이나 달이 없다면 보지 못하지만 꽃이나 달이 있다면 반드시 보고 즐길 것이요, 이 세상에 재주 있는 선비나 아름다운 여인이 없다면 어쩔

수 없지만 그런 사람들이 있다면 반드시 사랑하고 그리워하며 어여
삐 여기고 아껴줄 것이다.

天下無書則已 有則必當讀
無酒則已 有則必當飲
無名山則已 有則必當遊
無花月則已 有則必當賞玩
無才子佳人則已 有則必當愛慕憐惜[1]

1) 愛慕憐惜(애모연석) : 애모는 사랑하고 그리워하다. 연석은 어여삐 여기고 아끼다.

19. 가을 벌레와 봄의 새는

가을 벌레와 봄의 새는
오히려 소리를 고르게 하고 혀를 잘 놀려
때마다 좋은 소리를 토해 낸다.
우리들은 붓통을 끌어당기고 붓을 잡아
어찌 까마귀 울음소리와 소의 헐떡거리는 소리를
감미롭게 지어내는 것이 옳으랴.

▨ 가을철의 벌레나 봄철의 새들은 소리를 고르게 하고 혀를 잘 굴려서 때에 맞게 아름다운 소리를 토해 낸다. 우리들은 붓통을 열고 붓을 잡아 어찌 까마귀 울음소리와 소의 헐떡이는 것들의 시답지 않은 문장이나 짓고 있으랴.

秋蟲春鳥 尙能調聲弄舌[1] 時吐好音
我輩搦管拈毫[2] 豈可甘作鴉鳴牛喘[3]

1) 弄舌(롱설) : 혀를 잘 놀리다.
2) 搦管拈毫(닉관점호) : 붓통을 끌어당기고 붓을 잡다.
3) 鴉鳴牛喘(아명우천) : 까마귀가 울고 소가 헐떡거리다. 곧 시시껄렁한 문장을 뜻한다.

20. 추한 얼굴도 거울과 원수가 되지는 않는다

추한 얼굴 더러운 성질이라도 거울과 더불어 원수가 되지 않는 것은 또한 거울이 아는 것이 없는 죽은 물건이기 때문이다. 만일 거울이 지각이 있다면 반드시 때려 부수었을 것이다.

▨ 못생긴 얼굴에 난폭한 성질을 가진 사람이라도 거울과 원수가 되지 않는 것은 거울이 아무것도 아는 것이 없는 죽은 물체이기 때문이다. 만약 거울이 조금이라도 지각이 있다면 때려 부수었을 것이다.

媸顔陋質[1] 不與鏡爲仇者 亦以鏡爲無知之死物耳 使鏡而有知必遭撲破[2]矣

1) 媸顔陋質(치안누질) : 추한 얼굴에 더러운 성질. 곧 보기 싫은 얼굴에 난폭한 성질.
2) 撲破(박파) : 때려 부수다.

21. 우리 집의 공예(公藝)라는 사람은

우리 집의 공예(公藝)는 백번 참는 것을 믿어 동거(同居)하였다. 천고(千古:永遠)의 전해 오는 미담(美談)이다. 특히 알지 못하겠다. 참는 것이 백번에 이르면 그의 가정의 어그러지고 외면하고 격이 생긴 곳이라도 경복(更僕)의 수(數)가 용이하지 아니한 것을 바르게 할 것인가.

▨ 우리 집의 장공예(張公藝)라는 사람은 1백번을 참는 것을 굳게 믿어 9대를 함께 살았다. 예로부터 지금까지 전해 오는 아름다운 이야기이다. 특별하구나. '참는 것'을 1백번 하는데 이른다면 가정의 어긋나고 외면하고 틈이 생긴 곳이, 틀림없이 손님과 주인의 이야기가 길어 시중드는 심부름꾼이 몇사람이나 번갈아도 끝이 나지 않아도 아무 일이 없는지 그것을 알지 못하겠구나.

吾家公藝[1] 恃百忍以同居 千古傳爲美談 殊不知 忍而至于百則其家庭乖戾睽隔[2]之處 正未易更僕[3]數也

1) 吾家公藝(오가공예): 공예는 당(唐)나라 수릉(壽陵)사람으로 성은 장(張)씨이다. 9대를 한 집안에서 같이 산 대가족의 대명사. 9세동거가(九世同居家)라고도 한다. 인덕(麟德)연간에 당의 고종(高宗)이 공예의 집을 직접 방문하여 어떻게 9대가 동거할 수 있는가를 물었더니 장공예는 참을 인자 100자를 써서 왕에게 보이면서 황제의 물음에 대답했다. 오가는 이 책의 저자인 장조(張潮)의 선조이기 때문에 오가라 했다.
2) 乖戾睽隔(괴려규격): 괴려는 어그러지고 거슬리다. 규격은 서로 등돌리

고 틈이 생기다.
3) 更僕(경복) : 경복은 경복불가종(更僕不可終)의 뜻이며, 이는 주인과 손님이 이야기가 길어져 시중드는 심부름꾼이 몇사람이나 번갈아 들어도 끝이 나지 아니하는 것. 곧 일이 많은 것.

22. 9세 동거(同居)는 성대한 일이다

9세 동안 동거(同居)한 것은 진실로 성대한 일이다. 그러나 다만 정강이를 베고 묘에 여막살이한 자와 더불어 하나의 예를 이루는 것으로 보는 것이 마땅하다. 가히 어려운 것이며 가히 법이 되지는 못하는 것이다. 그것은 중용의 도(道)가 아니기 때문이다.

▨ 9대 동안을 한 집안에서 함께 살았다는 것은 진실로 위대한 일이다. 그러나 넓적다리의 살을 베어내고 3년간 여막살이를 한 것과 더불어 한 가지의 사례를 이룬 것을 볼 수가 있다. 참으로 어려운 일이며 이러한 것은 모범적인 방법은 아니다. 왜냐하면 중용(中庸)의 도(道)가 아니기 때문이다.

九世同居[1] 誠爲盛事 然止當與割股廬墓[2]者作一例看 可以爲難矣 不可以爲法也 以其非中庸之道[3]也

1) 九世同居(구세동거) : 9대 동안 함께 살다.
2) 割股廬墓(할고리묘) : 할고는 효자가 어버이의 병을 낫게 하기 위해 자신의 허벅지 살을 베어 먹인 일. 여묘는 부모나 선생이 죽으면 3년 동안 묘 옆에 여막을 지어놓고 여묘살이 하는 일. 둘 다 지극한 효자들의

행동이다.

3) 中庸之道(중용지도) : 과불급이 없는 중정의 도. 사람들이 지켜야 할 도리.

23. 제목이 평범한 것은 논리를 깊이 한다

작문(作文)의 법은 뜻의 곡절(曲折)한 것을
나타내고 희미하게 하는 글로써 쏟아내는 것이 좋다.
이치의 나타내고 희미한 것은
곡절(曲折)의 붓으로 운용하는 것이 좋다.
제목이 익은 것은 신기(新奇)의 상상으로써 나란히 한다.
제목이 평범한 것은 관계(關繫)의 논리를 깊이 한다.
군색한 것을 펴서 길게 하고,
번잡한 것을 깎아서 간단하게 하고,
속된 것을 문체로써 우아하게 하고,
시끄러운 것을 끌어당겨서 고요하게 하는데 이르면
다 이른바 재제했다고 한다.

▨ 문장을 지어내는 방법은 느낀 정서의 간절하고 굽어진 것을 쏟아내 밝게 하고 옅게 하는 문장으로써 하는 것이 적당하다. 이치가 드러나고 희미한 것은 간절하고 굽어진 것을 다할 수 있는 붓을 운용하는 것이 적당하다. 제목이 눈에 익은 것은 새롭고 기이한 상상으로써 적당히 섞는 것이다. 제목이 보통일 때에는 관계하여 메는 논리를 심도 있게 하는 것이다. 또 군색한 것을 펴서 군색하지 않도록 하고, 번다한 것을 깎아내려 간편하게 하고, 세속된 것을 문체로써 우아하게 꾸미고, 야단스러운 것을 끌어안아 정숙하게 만드

는 것에 이르는 것이 다 재단하여 처리한 것이라고 할 수 있다.

 作文之法 意之曲折者 宜寫之以顯淺¹⁾之詞
 理之顯淺者 宜運之以曲折之筆
 題之熟者 參之以新奇之想
 題之庸者 深之以關繫²⁾之論
 至于窘者舒之使長 縟者刪之使簡 俚者文之使雅 鬧者攝之使
靜 皆所謂裁制³⁾也

1) 顯淺(현천) : 확연히 드러나고 잘 드러나지 않는 것.
2) 關繫(관계) : 관련지어 맺다.
3) 裁制(재제) : 재단하여 처리하다.

24. 죽순은 나물 가운데 가장 좋은 나물

죽순은 나물 가운데 가장 좋은 나물이고
여지는 과일 가운데 가장 맛있는 과일이며
게는 물의 족속 가운데 가장 맛있는 동물이다.
술은 음식 가운데 가장 맛있는 음료이고
달은 천문(天文) 속에서 가장 운치 있는 것이며
서호(西湖)는 산수(山水) 가운데 가장 뛰어난 경치이며
사곡(詞曲)은 문자 가운데 가장 뛰어난 문장이다.

 ▨ 대나무의 죽순은 채소 가운데 가장 좋은 것이요, 여지(荔枝)는 과일 가운데 가장 맛좋은 것이요, 바다의 게는 물 속의 종류 가운데 가장 맛있는 것이요, 마시는 술이란 마시는 것 중에서 제일

맛있는 것이요, 밤 하늘에 떠 있는 달은 천문(天文) 가운데 가장 뛰어난 것이요, 서호(西湖)의 경치는 산수(山水) 가운데서 가장 빼어난 절경이요, 사(詞)나 곡(曲)은 문자(文字) 속에서 제일 빼어난 것들이다.

  笋爲蔬中尤物[1]
  荔枝爲果中尤物
  蟹爲水族[2]中尤物
  酒爲飮食中尤物
  月爲天文[3]中尤物
  西湖[4]爲山水中尤物
  詞曲[5]爲文字中尤物

1) 尤物(우물) : 가장 훌륭한 사람의 뜻. 여기서는 가장 좋은 것.
2) 水族(수족) : 물 속에 사는 동물. 곧 어패류.
3) 天文(천문) : 하늘의 온갖 현상.
4) 西湖(서호) : 절강성(浙江省) 항주시(杭州市)의 아름다운 호수.
5) 詞曲(사곡) : 당(唐)나라시대에 시작한 악부(樂府)의 한 체인데, 송(宋)나라에서는 사(詞)가 번창하였고 원(元)나라 때에는 곡(曲)이 번창한 것을 총칭 사곡이라 한다.

25. 한 송이의 좋은 꽃을 산다면

한 송이의 좋은 꽃을 산다면
어여뻐 여겨 사랑하고 아낄 것인데
하물며 그 말하는 꽃이런가?

▨ 아름다운 한 송이의 꽃을 구매한다면 좋아하고 어여삐 여겨 아낄 것이다. 하물며 말하는 양귀비같은 꽃은 어떠할 것인가?

買得一本¹⁾好花 猶且愛護而憐惜之 矧其爲解語花²⁾乎

1) 一本(일본) : 한 송이의 꽃. 한 가지.
2) 解語花(해어화) : 당(唐)나라의 양귀비(楊貴妃)를 일컫는 말. 곧 말하는 꽃. 아름다운 여자의 뜻.

26. 수중(手中)의 편면(便面)을 보고

수중(手中)의 편면(便面)을 보고
그것으로써 그 사람의 고상하고 비속한 것을 알고
그것으로써 그 사람의 교유(交遊)를 안다.

▨ 그 사람의 세력 안에 들어 있는 모든 단면을 보고 그 사람이 고상한가 비속한가를 알 수 있고 그 사람이 어떤 사람을 사귀는지 알 수 있는 것이다.

觀手中便面¹⁾ 足以知其人之雅俗²⁾ 足以識其人之交遊

1) 手中便面(수중편면) : 자신의 세력 안의 넓은 면. 그 세력권 안.
2) 雅俗(아속) : 고상하고 비속하다. 우아하고 속되다.

27. 불결한 것이 변해 지극히 깨끗한 것이 되다

물이란 지극히 더러운 것이 모여 돌아오는 것이요,
불이란 지극히 더러운 것이 이르지 아니하는 것이다.
불결한 것이 변하여 지극히 깨끗한 것이 되는 것은
물과 불이 다 그러하다.

▨ 흐르는 물에는 지극히 더러운 것들을 씻어내기에 더러운 것들이 모여드는 것이요, 훨훨 타는 불은 모든 더러운 것조차도 태워 버리기에 지극히 더러운 것이 모여들지 않는 것이다. 더러운 것이 변하여 지극히 깨끗한 것으로 변하는 것은 물이나 불이 다 그러한 것이다.

水爲至汚之所會歸
火爲至汚之所不到
若變不潔爲至潔 則水火皆然

28. 얼굴이 추하더라도 가히 볼 수 있는 자가 있고

얼굴이 추하더라도 가히 볼 수 있는 자가 있고,
비록 추하지 않더라도 족히 볼 수 없는 자가 있다.
글이란 통하지 않더라도 가히 아낄 것이 있고,
비록 통하더라도 지극히 싫은 것이 있다.

이것이 얕은 사람과 도를 함께 하기란 쉽지 아니한 것이다.

▨ 사람의 얼굴이 못생겼더라도 바라볼 만한 사람이 있고, 비록 얼굴이 추하지 않더라도 보고 싶지 않은 사람이 있다. 우리가 읽는 글도 문맥이 잘 통하지 않더라도 가히 아낄 만한 것이 있고, 비록 문장은 잘 통하더라도 지극히 읽기 싫은 것이 있다. 이러한 것은 천박한 사람과 더불어 논하는 도란 쉽지 않은 것이기 때문이다.

　貌有醜而可觀者 有雖不醜而不足觀者
　文有不通而可愛者 有雖通而極可厭者
　此未易與淺人[1]道也
1) 與淺人(여천인) : 별볼일없는 사람과 함께 하다.

29. 산수(山水)를 여행하면서 익히는 것은

　산과 강을 여행하면서 익히는 것은
　또한 다시 인연이 있어야 한다.
　진실로 기회와 인연이 이르지 않으면
　비록 수십리의 안에 가깝게 있더라도
　또한 도달할 겨를이 없다.

▨ 경치좋은 산이나 넓은 강을 여행하고 구경하는 것은 또한 다시 인연이 있어야 한다. 산이나 강을 구경하는 기회기 인연이 닿지 않으면 비록 산이나 강이 수십리 안에 가깝게 있다고 하더라도 또 가볼 기회가 없게 되는 것이다.(산수를 관람하는 것도 시간적인 여

유와 금전적인 여유가 있어야 가볼 수 있다는 것이다.)

遊玩¹⁾山水 亦復有緣 苟機緣²⁾未至 則雖近在數十里之內 亦無暇到也

1) 遊玩(유완) : 유람하며 즐기다.
2) 機緣(기연) : 어떠한 기회와 인연. 곧 인연이 닿다.

30. 가난하되 아첨하지 아니하고

가난하지만 아첨하지 아니하고
부자이지만 교만하지 않는 것은
옛 사람들이 현명하다고 했다.
가난하지만 교만하지 아니하고
부자이지만 아첨하지 아니하는 것은
지금 사람들이 적게 여기는 것이다.
이로써 세상의 풍속이 하락한 것을 알 수 있다.

▨ 생활이 궁핍하더라도 가진 자에게 아부하지 않고 큰 부자이지만 남에게 교만하지 않는 것을 옛 사람들은 현명한 것이라고 칭찬했다. 생활이 궁핍하면서도 남에게 교만하지 않고 큰 부자이면서도 권력에 아부하지 않는 것을 지금 사람들은 하찮게 여긴다. 이러한 것을 보면 세상의 풍속이 옛날보다 더 타락했다는 것을 알 수 있다.

貧而無諂 富而無驕 古人之所賢也
貧而無驕 富而無諂 今人之所少也

足以知世風¹⁾之降矣

1) 世風(세풍) : 이 세상의 풍속. 이 시대의 바람.

31. 10년은 글을 읽고 10년은 유람하고

옛 사람이 10년은 글을 읽고 10년은 산을 유람하고 10년은 검장(檢藏)하고자 한다 했다.

나는 말하겠다. 검장은 가히 10년이 필요치 않다. 단지 2~3년이면 족할 뿐이다.

만약 글을 읽고 산을 유람하는 것은 비록 혹 서로 갑절에 갑절을 하더라도 또한 원하는 것을 갚지 못할까 두려운 것이다. 반드시 황구연(黃九烟)의 앞선 사람들이 이르는 바 인생이 반드시 3백살이 된 뒤에야 가할 것인가?

▨ 옛날의 어떤 사람이 말하기를 10년은 책을 읽어 공부를 하고 10년 동안은 좋은 경치를 유람하고 10년은 그것을 갈무리한다고 했다. 나는 말하겠다. 갈무리하는 것은 10년씩이나 필요치 않은 것이다. 단 2년이나 3년이면 족할 것이다. 글을 읽고 산을 유람하는 것은 비록 10년 아닌 20년 30년을 해도 또한 자신이 원하는 것을 보답받지 못할까 두려운 것이다. 반드시 황구연의 무리들이 이르는 바와 같이 인생이 반드시 3백살이 된 뒤에나 가할 것이다.

昔人欲以十年讀書 十年遊山 十年檢藏
予謂 檢藏¹⁾儘可不必十年 只二三載足矣
若讀書與遊山 雖或相倍蓰²⁾ 恐亦不足以償所願也 必也 如黃

九烟³⁾前輩之所云 人生必三百歲而後可乎

1) 檢藏(검장) : 뜻이 자세하지 아니하나 갈무리하다, 초고를 써서 넣어 두다의 뜻 같다.
2) 倍蓰(배사) : 배는 갑절. 사는 다섯 갑절의 뜻.
3) 黃九烟(황구연) : 황주성(黃周星)이며 1611~1680년의 사람으로 이 책의 저자인 장조(張潮)의 스승의 벗 중 한 사람.

32. 군자(君子)가 비웃는 사람은 되지 말라

차라리 소인(小人)의 질책을 받을지언정
군자(君子)가 비웃는 사람은 되지 말고,
차라리 맹주사(盲主司)에게 쫓겨날지언정
모든 명사(名士)들이 알지 못하는 바가 되지 말라.

▨ 이 세상에 살면서 소인(小人 : 나쁜 사람)들의 욕지거리를 받을지언정 군자(君子 : 선한 사람)들이 더럽게 여기는 천박한 사람은 되지 말 것이요, 이 세상에 살면서 고시를 감독하는 시험관의 따돌림을 받더라도 이름난 학자들이 알지 못하는 별볼일없는 사람이 되지는 말라.

寧爲小人之所罵 毋爲君子之所鄙
寧爲盲主司¹⁾之所擯棄²⁾ 毋爲諸名宿³⁾之所不知

1) 盲主司(맹주사) : 사람을 감은 눈으로 보는 고시의 시험관.
2) 擯棄(빈기) : 물리쳐 버리다.
3) 名宿(명숙) : 이름이 묵다. 곧 널리 알려진 학자들.

33. 거만한 풍채는 가히 없지 않으나

거만한 풍채는 가히 없지 않지만
거만한 마음은 가히 두지 말 것이다.
거만한 풍채가 없으면 비루한 지아비에 가깝고
거만한 마음이 있으면 군자는 되지 못한다.

▨ 사람은 기골이 장대한 풍채는 가져야 하지만 그렇다고 마음이 거만한 것은 없는 것만 같지 못하다. 기골이 장대하지 못한 사람은 왜소한 남자에 지나지 않고, 오만한 마음을 가지면 덕망있는 사람이 되지는 못하는 것이다.

傲骨[1]不可無 傲心[2]不可有
無傲骨則近於鄙夫 有傲心不得爲君子

1) 傲骨(오골) : 거만한 풍채. 기골이 장대한 풍채.
2) 傲心(오심) : 오만한 마음. 거만한 마음.

34. 매미는 벌레 가운데 백이와 숙제

매미는 벌레 가운데의 백이(伯夷)와 숙제(叔齊)요,
벌은 벌레 가운데의 관중(管仲)과 안영(晏嬰)이다.

▨ 우는 매미는 벌레 가운데 백이와 숙제같은 것이요, 꿀을 저장

하는 벌은 벌레 가운데 춘추시대의 관중이나 안영같은 것이다.

蟬爲蟲中之夷齊[1]
蜂爲蟲中之管晏[2]

1) 夷齊(이제) : 백이와 숙제. 은(殷)나라시대 고죽군(孤竹君)의 아들로 청렴결백한 인물들. 주(周)의 무왕(武王)이 주(紂)를 정벌하러 가자 앞을 가로 막고 이신벌군(以臣伐君)하면 안된다고 간하였으나 듣지 않자 수양산(首陽山)에 들어가 고사리를 캐먹다 죽었다고 하는 현인들.
2) 管晏(관안) : 관중(管仲)과 안영(晏嬰). 관중은 춘추시대 제(齊)나라 명재상(名宰相)으로 환공(桓公)을 도와 천하의 패자가 되게 하였다. 안영은 춘추시대 위(衞)나라 경공(景公)에게 벼슬한 명신. 검소한 것으로 유명하다.

35. 어리석고 우직하고 옹졸하고 미친 것은

어리석다 우직하다 옹졸하다 미쳤다고 하는 것은 다 글자 자체로도 좋은 것이 아닌데도 사람들은 매일 그 속에서 즐겁게 산다.
간사하다 교활하다 억지부리다 아첨한다 하는 것은 이것을 반대하면서도 사람들은 매일 이 속에서 즐겁지 않게 사는 것은 무엇인가?

▨ 어리석다 우직하다 옹졸하다 미쳤다 하는 것은 다 그 글자 자체를 좋아하지 않아도 사람들은 매일 그 속에서 즐거워하고 살아간다. 간사하다 교활하다 억지부리다 아첨하다 하는 것, 이것을 반대하면서

도 사람들은 매일 즐겁지 않게 이 속에서 사는데 어떤 뜻에서일까?

　曰癡 曰愚 曰拙 曰狂 皆非好字面 而人每樂居之
　曰奸 曰黠 曰强 曰佞 反是 而人每不樂居之 何也

36. 당우(唐虞)시대에는 새와 짐승도 음악을 감상

　당우(唐虞)의 사이에서 음악은 새와 짐승도 감상했다. 이것은 대개 당우의 새와 짐승이므로 가히 감상했다. 만약 후세(後世)의 새와 짐승들은 그러하지 못할까 두려워한다.

　▨ 요(堯)임금이나 순(舜)임금의 시대에는 음악을 새와 짐승도 느낄 수 있었다. 이러한 것은 요임금과 순임금시대의 짐승이기 때문에 감상할 수 있었다. 후세의 새와 짐승은 반드시 그러하지 못할 것을 두려워한다.

　唐虞[1]之際 音樂可感鳥獸 此蓋唐虞之鳥獸 故可感耳 若後世之鳥獸 恐未必然

1) 唐虞(당우) : 중국의 상고시대(上古時代) 제왕(帝王)인 요(堯 : 陶唐氏) 임금과 순(舜 : 有虞氏)임금의 시대를 이르는 말.

37. 아픈 것은 참지만 가려운 것은 참지 못하고

　아픈 것은 가히 참지만 가려운 것은 가히 참지 못하고,

쓴 것은 가히 견디나 신 것은 가히 견디지 못한다.

▨ 몸이 아픈 것은 사람들이 참지만 가려운 것은 참을 수가 없고, 입에 쓴 것은 사람들이 견뎌내지만 신 것은 몸으로 견뎌내지 못한다.

痛可忍 而癢不可忍
苦可耐 而酸不可耐

38. 거울 속의 그림자는

거울 속의 그림자는 색을 칠한 인물(人物)이요,
달빛 아래 그림자는 사의(寫意)한 인물이다.
거울 속의 그림자는 구변화(鉤邊畫)이고,
달빛 아래 그림자는 몰골화(沒骨畫)이다.
달 가운데 산하(山河)의 그림자는
천문(天文) 속의 지리(地理)이고,
물 가운데 별과 달의 모양은
지리(地理) 속의 천문(天文)이다.

▨ 거울 속에 비치는 그림자는 사람의 자태를 색을 칠한 것이요, 달빛 아래 그려진 사람의 자태는 외형을 모방한 것이다. 거울 속에 비치는 그림자는 윤곽만을 그린 그림이요, 달빛 아래 드리워진 그림자는 윤곽이나 선을 나타내지 않고 먹으로만 그린 그림이다. 하늘에 떠 있는 달 속의 산이나 물의 그림자는 하늘 문채 속의 지리이고 물 속에

비춰져 있는 별이나 달의 모양은 지리 가운데 하늘의 문채이다.

鏡中之影 著色[1]人物也 月下之影 寫意[2]人物也
鏡中之影 鉤邊畵[3]也 月下之影 沒骨畵[4]也
月中山河之影 天文中地理也 水中星月之象 地理中天文也

1) 著色(착색) : 그림에 색을 칠하다.
2) 寫意(사의) : 모양을 위주로 하지 않고 그 내용이나 정신을 위주로 하는 그림.
3) 鉤邊畵(구변화) : 그림쇠로 그 바깥 모양의 윤곽만을 그린 그림.
4) 沒骨畵(몰골화) : 화법(畵法)의 한 가지. 윤곽선을 나타내지 않고 먹으로 채색하여 그린 그림.

39. 사람을 놀래킬 묘한 구절을 얻고

능히 무자(無字)의 글을 읽어야
바야흐로 가히 사람을 놀래킬 묘한 구절을 얻고,
능히 통하기 어려운 것들을 풀어 모아야만
바야흐로 가히 최상의 선(禪)의 틀에 참여할 수가 있다.

▨ 무자(無字)의 서적을 읽어야만 사람을 놀래킬 만한 미묘한 글귀를 얻을 수 있고, 통하기 어려운 것들을 풀어 모아야만 이 세상의 최상의 선(禪)의 틀 안에 참여할 수가 있다.

能讀無字之書[1] 方可得驚人妙句[2]
能會難通之解 方可參最上禪機[3]

1) 讀無字之書(독무자지서) : 선(禪)에 들어가는 것. 곧 문자를 초월하여 선에 들다.
2) 妙句(묘구) : 미묘한 글귀.
3) 禪機(선기) : 선(禪)을 수업하고 그것을 체험하여 무아(無我)의 경지에 들어 생기는 마음.

40. 만약에 시(詩)와 술이 없다면

만약 시(詩)와 술이 없다면 산과 물이 구문(具文)이 되고
만약 아름다운 경치가 없다면 꽃과 달이 다 헛된 것이다.
재자(才子)는 용모가 아름답고
가인(佳人)은 저작하는 일을 하는데
단연코 오랜 세월에 능하지 못한 것은
유독 조물(造物)의 꺼리는 바 되는 것은 아니다.
대개 이런 종류가 원래 홀로 한 때의 보배가 되지 못하고
이에 고금만세의 보배인 것이다.
그러므로 인간의 세상에 오래 머물러
더러운 것을 취하고자 아니한 것이다.

▨ 이 세상에 시(詩)나 술이 없다면 아름다운 산이나 맑은 물은 형식이나 갖춘 문면(文面)에 지나지 않을 것이고, 또 이 세상에 아름답고 수려한 경치가 없다면 꽃이나 은은한 달은 다 헛된 것일 것이다. 재주 있는 사람은 그 용모가 아름답고 아름다운 사람은 저작(著作)을 잘 하는데, 단연코 오랜 세월 동안 살지 못하는 것은 이들만이 유독 조물주(造物主)의 시기심을 발동한 것은 아닐 것이다.

대개 이 종류는 본래부터 한 때의 보배가 되지 못하고 옛날이나 지금을 통틀어 만세의 보배이다. 그러므로 오래도록 인간의 세계에 머물러 이 세상의 오명을 취하도록 아니한 것이다.(그래서 빨리 데려가 미인박명이라고 했다.)

若無詩酒 則山水爲具文[1] 若無佳麗 則花月皆虛設[2]
才子而美姿容 佳人而工著作 斷不能永年者 匪獨爲造物[3]之所忌 蓋此種原不獨爲一時之寶 乃古今萬世之寶 故不欲久留人世以取褻耳

1) 具文(구문) : 형식만 갖춘 문면(文面). 공문(空文).
2) 虛設(허설) : 헛되게 그저 늘어 놓은 것에 지나지 않다.
3) 造物(조물) : 천지자연의 조물주.

41. 진평(陳平)을 곡역후(曲逆侯)에 봉하다

진평(陳平)은 곡역후(曲逆侯)에 봉해졌다. 『사기』 『한서』의 주석에 다 이르기를 '거우(去遇)'라고 발음한다고 했다.
나는 말하겠다. 이는 북쪽 사람들의 토착 발음이다. 남쪽 사람들은 사음(四音 : 入上平去)이 다 완전하다. 이에 마땅히 본음(本音)을 읽어 만든 것이 옳은 것이 되는 것과 같다.

▨ 한(漢)나라의 진평이 곡역후(曲逆侯)에 봉해졌다. 사마천(司馬遷)의 『사기(史記)』나 반고(班固)의 『한서(漢書)』의 주석에는 다 '거우(去遇)'라고 발음했다. 내가 보건대 이것은 북쪽 사람들의 토속적인 사투리이다. 남쪽 사람들이라면 사음(四音)이 모두 완전할 것이다.

이것은 마땅히 '본음(本音)'을 읽고 만들었어야 옳았을 것이다.

陳平[1]封曲逆侯 史漢注皆云 音去遇 予謂 此是北人土音[2]耳 若南人四音[3]俱全 似仍當讀作本音爲是

1) 陳平(진평): 전한(前漢)의 공신이며 양무(陽武)사람이다. 지모(智謀)가 뛰어나 고조(高祖)를 도와 천하를 평정하고 혜제(惠帝) 때 좌승상(左丞相)이 되었으며, 여공(呂公)이 죽은 후 주발(周勃)과 함께 여씨(呂氏) 일가를 죽이고 한실(漢室)의 안전을 도모했다. 그 공로로 곡역후(曲逆侯)에 봉해졌다.
2) 土音(토음): 지방의 방언. 토속어. 사투리.
3) 四音(사음): 평상거입(平上去入)의 사성의 음.

42. 옛날 사람은 사성(四聲)을 완전히 갖추었다

옛날 사람은 사성(四聲)을 완전히 갖추었다. '육(六)' '국(國)'의 두 글자는 다 입성(入聲)이다. 지금의 이원(梨園)에서 소진(蘇秦)의 연극을 공연하는데 반드시 '육(六)'을 '류(溜)'로 읽고 '국(國)'을 '귀(鬼)'로 읽는 것은 따르는 것이 입성(入聲)으로 읽는 것이 없다. 그러나 『시경』을 고찰하면 '양마육지(良馬六之)'와 '무의육혜(無衣六兮)'의 유와 같은 것은 다 거성(去聲)에 맞추지 아니하고 '축(祝) 고(告) 욱(燠) 국(國)'자에 맞추었으며, 다 상성(上聲)과 더불어 맞추지 아니한 것은 '맥(陌) 질(質)'의 운(韻)으로 들어가서 맞춘 것이다. 이것은 옛 사람들이 또한 입성(入聲)이 있었다는 것과 같다. 반드시 육(六)을 류(溜)로 읽고 국(國)을 귀(鬼)로 읽은 것은 아닐 것이다.

　　古人四聲俱備 如六國二字 皆入聲也 今梨園[1]演蘇秦[2]劇 必讀六爲溜 讀國爲鬼 從無讀入聲者 然考之詩經 如良馬六之 無衣六兮[3]之類 皆不與去聲叶 而叶祝告燠國字 皆不與上聲叶 而叶入陌質韻 則是古人似亦有入聲 未必盡讀六爲溜 讀國爲鬼也

1) 梨園(이원) : 연극을 공연하는 극장 이름.
2) 蘇秦(소진) : 전국시대의 변설가이며 낙양(洛陽)사람. 연(燕) 조(趙) 등 6국을 합종(合從)하여 진(秦)나라와 대항케 하고, 스스로 여섯 나라의 재상이 되었다.
3) 良馬六之 無衣六兮(양마육지 무의육혜) : 양마육지(良馬六之)는 『시경』의 용풍(鄘風)의 간모(干旄)편 구절이고 무의육혜(無衣六兮)는 『시경』 당풍(唐風)의 무의(無衣)편 문장.

43. 더욱 아름답지 않을 수 없는 것

한가한 사람의 벼루는 진실로 그것이 아름답고자 하고
바쁜 사람의 벼루는 더욱 아름답지 않을 수 없는 것이다.
정을 즐기는 첩은 진실로 그가 아름답고자 하고
자식이 많이 있는 첩은 또한 아름답지 않을 수 없는 것이다.

　▨ 세상에 한가한 사람의 벼루는 그것이 아름다웠으면 하고 분주한 사람의 벼루는 더욱 아름답지 않으면 안된다. 정을 주고받는 첩은 아름답고자 하고 자식을 많이 거느린 첩은 또한 아름답지 않으면 안된다.

閒人之硯 固欲其佳 而忙人之硯 尤不可不佳
娛情之妾 固欲其美 而廣嗣之妾 亦不可不美

44. 어떻게 하면 나홀로 즐길 수 있을까

어떻게 하면 나홀로 낙(樂)을 즐길 것인가.
가로되 북이나 거문고이다.
어떻게 하면 사람과 더불어 낙(樂)을 즐길 것인가.
가로되 바둑이나 장기이다.
어떻게 하면 대중과 더불어 낙(樂)을 즐길 것인가.
가로되 마조(馬弔)이다.

▨ 어떤 것으로 해야 나홀로 오락을 즐길 수 있는가. 그것은 북이나 거문고를 뜯는 것이다. 어떤 것으로 해야 남과 더불어 오락을 즐길 수 있을 것인가. 그것은 바둑이나 장기를 즐기는 것이다. 어떤 것으로 하면 대중과 더불어 오락을 즐길 수 있을 것인가. 그것은 마조(馬弔)를 함께 하는 것이다.

如何是獨樂樂 曰 鼓琴
如何是與人樂樂 曰 奕棋
如何是與衆樂樂 曰 馬弔[1]

1) 馬弔(마조) : 현재의 지패(紙牌)나 마작패의 일종.

45. 가르침을 기다리지 않고도 선을 하고

가르침을 기다리지 않고도
선도 하고 악도 하는 것은 태생(胎生)이다.
반드시 가르침을 받은 후에
선도 하고 악도 하는 것은 난생(卵生)이다.
만나서 한 가지 일의 감촉으로 인하여
돌연히 선도 하고 악도 하는 것은 습생(濕生)이다.
앞 뒤가 나뉘어 두 개로 갈라져 연구해 보면
하루 날의 사연이 아닌 것은 화생(化生)이다.

▨ 교육을 받지 않고도 좋은 일도 하고 나쁜 일도 할 수 있는 것은 태에서 나온 것이요, 교육을 받은 뒤에야 좋은 일도 하고 나쁜 일도 할 수 있는 것은 알에서 태어난 것이요, 만나서 한 가지 일의 감촉으로 인하여 돌연히 좋은 일도 하고 나쁜 일도 하는 것은 습지에서 태어난 것이요, 앞과 뒤가 쪼개져 두 개로 갈라진 것과 같아 그것을 연구하여 보면 하루 이틀에 이루어진 것 같지가 않은 것은 변화되어 태어난 것이다.(불교의 4가지 태어나는 것을 말한 것이다.)

不待敎而爲善爲惡者 胎生[1]也
必待敎而後爲善爲惡者 卵生[2]也
偶因一事之感觸而突然爲善爲惡者 濕生[3]也
前後判若兩截 究非一日之故者 化生[4]也

1) 胎生(태생) : 어머니의 태에서 태어나는 것. 인간이나 짐승들.

2) 卵生(난생) : 알에서 깨어나는 것. 새의 종류.
3) 濕生(습생) : 습기의 속에서 태어난다. 곤충의 일종들.
4) 化生(화생) : 한 몸에서 나뉘어져 새 것이 태어나는 것. 불교의 사생(四生)의 하나. 의탁한 것이 없이 자연히 태어나다. 천신(天神)이나 지옥의 중생들이 여기에 속한다.

46. 모든 물건은 다 모양으로 쓰인다

모든 물건은 다 모양으로 쓰인다.
그 신(神)으로 쓰이는 것은
거울과 부인(符印)과 일구(日晷)와 지남침(指南針)이다.

▨ 세상의 모든 물건은 형체로써 쓰인다. 그런데 신(神)으로 쓰이는 것이 있다. 그것은 거울이나 부적이나 해시계나 나침반 등이다.(거울, 부적, 해시계, 나침반은 옛날에 신비적인 것으로 활용했다.)

凡物皆以形用
其以神[1]用者 則鏡也 符印[2]也 日晷[3]也 指南針[4]也

1) 神(신) : 신령. 정신. 혼의 뜻.
2) 符印(부인) : 부적. 각인(刻印). 또는 관인(官印).
3) 日晷(일구) : 해시계.
4) 指南針(지남침) : 나침(羅針). 자침(磁針). 늘 남북을 가리키도록 만든 도구.

47. 재주 있는 사람이 재주 있는 사람을 만나면

재주 있는 사람이 재주 있는 사람을 만나면
매양 재주를 애석하게 여기는 마음이 있으나,
미인이 미인을 만나면
반드시 아름다움을 아끼는 뜻이 없다.
나는 원컨대 내세(來世)에서 의탁하여 사는데
절대 가인이 되어
한번 그 판을 되돌린 후에야 상쾌할 것이다.

▨ 천재는 천재를 알아본다고, 재주 있는 사람이 재주 있는 사람을 만나면 그 재주를 어여삐 여기는 마음이 있다. 그러나 아름다운 여인이 아름다운 여인을 만나면 반드시 아름다운 것을 아껴주는 마음이 없다. 내가 원하는 것은 내세에 삶을 의지한다면 절세 미인이 되어서 한번쯤 그 세상살이에 참여하여 그러한 상황을 바꿔놓은 뒤에야 상쾌해질 것 같다.

才子遇才子 每有憐才之心 美人遇美人 必無惜美之意
我願 來生托生[1]爲絶代佳人[2] 一反其局[3]而後快

1) 來生托生(내생탁생) : 앞으로 다가오는 세계에 태어나 생을 의지하다.
   곧 내세의 삶을 살다.
2) 絶代佳人(절대가인) : 당대에 견줄 만한 사람이 없는 미인. 절세 미인.
3) 局(국) : 판. 정경. 상황.

48. 하나의 무차대회(無遮大會)를 세워

나는 일찍부터 하나의 무차대회(無遮大會)를 세워
한 번은 역대재자(歷代才子)를 제사지내고,
한 번은 역대가인을 제사지내고자 한다.
진정한 고승(高僧)을 기다렸다 만날 수 있다면
곧 마땅히 시행할 것이다.

▨ 나는 일찍부터 불교에서 말하는 하나의 무차대회(無遮大會)를 세워서 한 번은 역대의 재주 있는 사람을 제사지내고, 한 번은 역대의 가인을 제사지내고자 한다. 이러한 일을 도울 진정한 명망 높은 스님을 기다려 만날 수만 있다면 만나 이러한 일을 곧 마땅히 시행할 것이다.

予嘗欲建一無遮[1]大會 一祭歷代才子 一祭歷代佳人 俟遇有眞正高僧[2] 即當爲之

1) 無遮(무차): 불교에서 말하는 지극히 관대하여 막히는 것이 없는 것.
2) 高僧(고승): 도(道)가 높은 스님.

49. 성인(聖人)이나 현인(賢人)은

성인(聖人)이나 현인(賢人)은
하늘과 땅을 대신한 사람이다.

▨ 성인(聖人)이나 현인(賢人)은 하늘이나 땅의 모든 것을 대신하게 한 사람들이다.

聖賢者 天地之替身[1)]

1) 替身(체신) : 대리한 사람. 곧 대리인.

50. 하늘은 지극하여 만드는 것이 어렵지 않다

하늘은 지극하여 만드는 것이 어렵지 않다.
다만 인인(仁人)과 군자(君子)로 재덕(才德)이 있는 자
20~30명을 태어나게 하면 족한 것이다.
임금이 한 명,
정승이 한 명,
총재가 한 명,
그리고 모든 길의 총제(總制)와 무군(撫軍)이면 그만이다.

▨ 하늘은 지극하여 무엇을 만들어내는 데에 어려움이 없다. 이 세상을 만들어내는 데도 인인(仁人)이나 군자(君子)에 재(才)와 덕을 겸비한 20~30명만을 태어나게 하면 만족한 것이다. 한 명은 왕을 하고 한 명은 재상을 하고 한 명은 총재(冢宰)를 하고, 또 모든 길을 담당할 총감독과 순무사(巡撫使)가 있으면 그만이다.

天極不難做 只須生仁人君子有才德者二三十人足矣 君一 相一 冢宰[1)]**一 及諸路總制**[2)]**撫軍**[3)] **是也**

1) 冢宰(총재) : 주(周)나라시대의 관직명. 천자를 보좌하고 모든 관리를 통

솔하는 직책. 후세의 이부상서(吏部尚書)의 직책.
2) 總制(총제) : 총독(總督). 총감독.
3) 撫軍(무군) : 순무사(巡撫使). 지방을 순회하는 관리.

51. 승관도(陞官圖)를 던져서

승관도(陞官圖)를 던지는 것은
소중한 것이 덕에 있고
꺼리는 것은 뇌물에 있다.
어찌하여 한 번 벼슬자리에 오르면
문득 더불어 서로 반대되는 것이랴

▨ 사람들이 승관도의 주사위를 던지는 것은 그의 소중한 것이 덕에 있는 것이요, 그의 꺼리는 것이란 뇌물에 있다. 어떻게 한 번 던져서 벼슬의 세계로 들어 차츰 오르다가도 순간의 선택에 따라 승부가 상반되는 상태에 이르는 것에 있어서는 어찌할 수가 없다.

擲陞官圖[1] 所重在德 所忌在賕 何一登仕版[2] 輒[3]與之相反耶
1) 陞官圖(승관도) : 쌍륙(雙六)과 비슷한 놀이 기구의 하나. 높고 낮은 벼슬 이름을 종이 위에 나열해 놓고 주사위를 던져 벼슬자리에 오르고 내리는 것으로 승부를 결정하는 놀이 기구.
2) 仕版(사판) : 관리의 명칭.
3) 輒(첩) : 순간의 선택 여하에 따르다.

52. 동물 가운데 3가지 가르침이 있다

동물 가운데 3가지 가르침이 있다.
교룡 용 기린 봉황의 무리는 선비에 가깝고,
원숭이 여우 학 사슴의 무리는 신선에 가깝고,
사자나 암소의 무리는 석가에 가깝다.
식물 가운데도 3가지 가르침이 있다.
대나무 오동나무 난초 혜초(蕙草)의 무리는 선비에 가깝고,
반도(蟠桃)와 노계(老桂)의 무리는 신선에 가깝고,
연꽃이나 치자나무의 무리는 석가에 가깝다.

▨ 이 세상의 동물 가운데 3가지의 가르침이 있다. 교룡이나 용이나 기린이나 봉황새 들의 무리는 선비의 가르침이요, 원숭이와 여우와 학과 사슴의 무리들은 신선의 가르침이요, 사자나 암소 등은 석가의 가르침이다. 이 세상의 식물 가운데에도 3가지의 가르침이 있다. 대나무나 오동나무나 난초나 혜초같은 풀은 선비의 가르침과 같고 천도복숭아나 늙은 계수나무의 무리는 신선과 같은 가르침이요, 연꽃과 치자나무의 무리는 석가의 가르침과 같은 것이다.

動物中有三敎焉 蛟龍麟鳳之屬 近于儒者也 猿狐鶴鹿之屬 近于仙者也 獅子牡牛[1]之屬 近于釋者也
植物中有三敎焉 竹梧蘭蕙[2]之屬 近于儒者也 蟠桃[3]老桂之屬 近于仙者也 蓮花薝蔔[4]之屬 近於釋者也

1) 牡牛(고우) : 암소 또는 거세(去勢)한 소

2) 蕙(혜) : 난초의 일종으로 한 줄기에 꽃이 여러 개 달리며 보통의 난초
 보다 향기가 더 강하다.
3) 蟠桃(반도) : 신선의 세계에 있다는 큰 복숭아라는 뜻이며 장수를 비는
 데 쓰는 말.
4) 薝蔔(담복) : 치자나무. 꽃 색깔이 희고 향기가 매우 좋다.

53. 해와 달이 수미산 허리에 있다고 했는데

불씨(佛氏)는 이르기를
일월이 수미산(須彌山)의 허리에 있다고 했다.
과연 그렇다면 일월이 반드시
이 산을 두르고 가로로 행한 후에 가한 것이다.
진실로 오르고 내리는 데
반드시 산마루가 걸리는 것도 된다.
또 이르기를
땅 위에 아누달지(阿耨達池)가 있고
그 물이 4곳으로 흘러나와
모든 인도(印度)로 들어간다고 했다.
또 이르기를 지륜(地輪) 아래 수륜(水輪)이 되고
수륜 아래 풍륜(風輪)이 되고
풍륜 아래 공륜(空輪)이 된다고 하였다.
나는 말하겠다.
이것은 다 인신(人身)을 비유하여 말한 것이다.
수미산은 사람의 머리를 비유한 것이고
일월은 두 눈에 비유하고

지수사출(池水四出)은 혈맥이 유통하는 것에 비유하고
지륜(地輪)은 이 몸에 비유하고
물은 편익(便溺)이 되고
바람은 설기(洩氣)가 되어
이 아래는 사물이 없는 것이다.

▧ 불교(佛敎)에서는 말하기를 '해와 달은 수미산(須彌山)의 허리에 있다.'고 했다. 이들이 말하는 대로라면 해와 달이 반드시 산을 돌아 가로로 행해야 옳은 것이다. 떠오르고 넘어가고 하는 것도 반드시 산의 마루에 걸리는 것이 된다. 또 불교에서 말하기를 땅 위에는 무열뇌지(無熱惱池)가 있고 그 물은 4곳에서 나와 모든 인도땅으로 흘러든다고 했다. 또 말하기를 지륜(地輪) 아래는 수륜(水輪)이 되고 수륜 밑에는 풍륜(風輪)이 되고 풍륜 밑에는 공륜(空輪)이 된다고 했다. 내가 생각건대 이것은 다 인체에 비유하여 말한 것이라 할 수 있다. 수미산은 사람의 머리에 비유한 것이요, 해와 달은 사람의 두 눈에 비유한 것이요, 지수사출(池水四出)은 혈맥이 유통하는 것에 비유한 것이요, 지륜(地輪)은 인체에 비유한 것이요, 물은 대변이나 소변이 된 것이요, 바람은 방귀가 된 것이라고 보며 이 아래는 사물이 없는 것이다.

佛氏[1]云 日月在須彌山[2]腰 果爾[3]則日月必是遶山橫行而後可
苟有升有降 必爲山巓所礙矣
　又云 地上有阿耨達池[4] 其水四出流入諸印度
　又云 地輪[5]之下爲水輪[6] 水輪之下爲風輪[7] 風輪之下爲空輪[8]
　余謂 此皆喩言人身也 須彌山喩人首 日月喩兩目 池水四出
喩血脈流通 地輪喩此身 水爲便溺[9] 風爲洩氣[10] 此下則無物矣

1) 佛氏(불씨) : 불교(佛敎)를 일컫는 말.
2) 須彌山(수미산) : 불교에서 말하는 산. 세계의 중심에 솟아 있다는 산. 주위에는 사주(四洲)가 있고 높이는 8만 4천 유순(由旬)이라고 함.
3) 果爾(과이) : 그렇다면. 과연.
4) 阿耨達池(아누달지) : 히말라야의 북쪽에 있는 첨부주(瞻部州)에서 쏟아지는 윤택한 못 이름. 무열뇌지(無熱惱池)라고도 한다.
5) 地輪(지륜) : 기세계(器世界)를 성립시키는 것으로 사륜(四輪)의 하나. 곧 자연 세계.
6) 水輪(수륜) : 대지(大地 : 지륜의 아래층).
7) 風輪(풍륜) : 수미산 세계의 아래 부분. 전 세계를 지배하는 4종류의 대륜의 하나.
8) 空輪(공륜) : 풍륜의 아래에 있는 대지(大地)를 말한다.
9) 便溺(편닉) : 대변과 소변.
10) 洩氣(설기) : 방귀. 메탄가스.

54. 소동파(蘇東坡)가 도연명(陶淵明)의 시를

소동파(蘇東坡)가 도연명(陶淵明)의 시에 화답했는데
오히려 수십수를 남겼다.
나는 일찍이 소동파의 시구를 모아
보충하고자 했는데
운(韻)을 갖추지 못한 것을 괴롭게 여겨 중지했다.
자식을 꾸짖은 시 가운데
'육(六)이나 칠(七)을 알지 못하고 다만 배와 밤을 찾는다.'
고 한 것의 '칠(七)자와 율(栗)자'는 다 그 운(韻)이 없다.

▨ 송(宋)나라의 소식(蘇軾)이 도잠(陶潛)의 시에 화답했는데 거의 수십여수나 남겼다. 나는 일찍부터 소식의 시구를 모아 보충하고자 하였으나 운(韻)이 갖추어지지 않는 것을 괴롭게 여겨 중지하고 말았다. 도잠의 '책자(責子)'의 시 가운데 '여섯이나 일곱을 알지 못하고 다만 배와 밤을 찾는다.'고 한 곳의 '칠(七)자나 율(栗)자'는 다 그 운(韻)에는 없는 것들이다.

蘇東坡和陶詩[1] 尙遺數十首 予嘗欲集坡句[2]以補之 苦于韻之弗備而止
　如責子詩中 不識六與七 但覓梨與栗 七字栗字 皆無其韻也
1) 蘇東坡和陶詩(소동파화도시) : 소동파가 도연명의 시에 화답하다. 소동파는 송(宋)나라의 대문장가 소식(蘇軾)의 호이다. 도(陶)는 도연명(陶淵明)으로 동진(東晋)의 문장가.
2) 集坡句(집파구) : 소동파(蘇東坡)의 시구를 모으다.

55. 나는 일찍이 짝지어진 시구를 얻었다

나는 일찍이 짝지어진 시구를 얻었다. 또한 특히 기쁘다. 아름다운 대구가 없는 것을 애석히 여겨 아직도 시로 이루지 못하였다. 그 하나가 '고엽대충비(枯葉帶蟲飛)'이고 그 하나가 '향월대우성(鄕月大于城)'이다. 아직 보존하여 다른 날을 기다리리라.
　공산무인(空山無人) 수류화개(水流花開)의 두 시구는 금심(琴心)의 묘경(妙境)을 다한 것이요,
　승고흔연(勝固欣然) 패역가희(敗亦可喜)의 두 시구는 바둑

두기의 묘경을 다한 것이요,

  범수상전(帆隨湘轉) 망형구면(望衡九面)의 두 시구는 떠있는 배의 묘경을 다한 것이요,

  호연이천(胡然而天) 호연이제(胡然而帝)의 두 시구는 미인(美人)의 묘경을 다한 것이다.

▨ 나는 일찍이 짝을 이룬 시의 구절을 얻었다. 또한 특히나 기뻤었다. 그런데 애석하게도 아름다운 대구(對句)가 없어서 아직까지도 시를 이루지 못한 구절이 있다. 그의 하나가 '고엽대충비(枯葉帶蟲飛 : 마른 잎이 벌레를 혁대 삼아 날다)'이고 또 하나는 '향월대우성(鄕月大于城 : 고향의 달은 성에서 커진다)'라는 시 구절로 아직도 간직하고 다른 날을 기다릴 따름이다. '빈 산에 사람이 없고 물이 흐르고 꽃이 피었다.'는 두 시구는 거문고소리에 붙인 마음의 묘한 경지를 지극히 한 것이요, '승리는 굳어서 기쁘고 패배 또한 가히 기쁘다.'는 두 시구는 바둑 두기의 미묘한 경지를 지극히 다한 것이요, '돛대는 상수를 따라 운전하고 형산의 구면(九面)을 바라보다.'는 두 시구는 떠있는 배의 미묘한 경지를 지극히 한 것이요, '호연(胡然)히 하늘이고 호연히 상제이다.'의 두 시구는 미인의 미묘한 경지를 지극히 다한 것이다.

    予嘗偶得句 亦殊可喜 惜無佳對[1] 遂未成詩 其一爲枯葉帶蟲飛 其一爲鄕月大于城 姑存之以俟異日
      空山無人 水流花開 二句 極琴心[2]之妙境
      勝固欣然[3] 敗亦可喜 二句 極手談[4]之妙境
      帆隨湘[5]轉 望衡九面 二句 極泛舟[6]之妙境
      胡然[7]而天 胡然而帝 二句 極美人之妙境

1) 佳對(가대) : 아름다운 대구.
2) 琴心(금심) : 마음을 거문고소리에 붙이다. 곧 거문고와 같은 마음.
3) 欣然(흔연) : 기뻐하는 모양.
4) 手談(수담) : 손놀이. 곧 바둑 두기.
5) 湘(상) : 상수. 광서성(廣西省) 흥안현(興安縣)에서 시작하여 호남성(湖南省)의 동정호(洞庭湖)로 흘러들어 가는 강.
6) 泛舟(범주) : 떠있는 배.
7) 胡然(호연) : 어찌하다.

56. 거울이나 물의 그림자는 받는 것이요

거울이나 물의 그림자는 받는 것이다.
해와 등불의 그림자는 베푸는 것이다.
달이 그림자가 있는 것은,
하늘에 있는 것은 받는 것이요,
땅에 있는 것은 베푸는 것이다.

▨ 거울이나 물 속에 비취는 그림자들은 다른 물체가 있어야만 생기는 것으로 받는 것이요, 태양이나 등불에 의한 그림자는 태양이나 등불이 베푸는 것이다. 달에도 그림자가 있는데 하늘에 있어서는 받는 것이 되고 땅에 있으면 베푸는 것이 된다.

鏡與水之影 所受者也
日與燈之影 所施者也
月之有影 則在天者爲受 而在地者爲施也

57. 물의 소리는 4가지가 있다

물의 소리는 4가지가 있다.
폭포소리가 있고,
흐르는 샘물소리가 있고,
여울물소리가 있고,
도랑물소리가 있다.
바람의 소리는 3가지가 있다.
소나무가 바람에 흔들리는 소리가 있고,
가을 낙엽이 달랑거리는 소리가 있고,
물결치는 소리가 있다.
비의 소리는 2가지가 있다.
오동잎이나 연꽃잎 위의 소리가 있고,
처마에 맺어 떨어지는 낙숫물이
대통 속으로 이어지는 소리가 있다.

▨ 흐르는 물의 소리에는 4가지가 있다. 폭포물 떨어지는 소리, 흐르는 샘물소리, 여울물 휘도는 소리, 도랑물이 졸졸졸 흐르는 소리이다. 바람에도 3가지 소리가 있다. 소나무가 바람에 흔들리는 솔바람소리, 가을에 대롱대롱 매달려 있는 낙엽 흔들리는 소리, 물결 위를 스친 파도치는 소리가 있다. 비에도 2가지 소리가 있다. 오동잎이나 연꽃잎 위에 비 떨어지는 소리. 처마 밑의 낙숫물이 대통 속으로 타고 흐르는 소리가 있다.

水之爲聲有四 有瀑布聲 有流泉聲 有灘聲[1] 有溝澮聲[2]
風之爲聲有三 有松濤聲[3] 有秋葉聲[4] 有波浪聲[5]
雨之爲聲有二 有梧葉荷葉上聲 有承簷溜[6]竹筒[7]中聲

1) 灘聲(탄성) : 여울물소리.
2) 溝澮聲(구회성) : 도랑물소리. 곧 논이나 밭고랑을 타고 흐르는 물소리.
3) 松濤聲(송도성) : 소나무 가지가 흔들려 나는 소리.
4) 秋葉聲(추엽성) : 가을낙엽 소리.
5) 波浪聲(파랑성) : 파도소리. 물결치는 소리.
6) 簷溜(첨류) : 처마 밑의 낙숫물소리.
7) 竹筒(죽통) : 대나무 속을 타고 흐르는 소리.

58. 천하게 여기고 박대하면서도 숭상하다

문인(文人)들은 매양 부자인 사람들을 천히 여기고 박대하기를 좋아한다. 그러나 시문(詩文)이 아름다운 것은 또 가끔씩 금옥(金玉)과 주기(珠璣)와 금수(錦繡)로써 칭찬해 주는 것은 또 어째서인가?

▨ 글에 종사하는 문인(文人)들은 매번 부자들을 천히 여기고 박대한다. 그런데 시(詩)나 글이 아름다운 것들은 또 가끔씩 금과 옥이나 진주나 비단으로써 포상하며 칭찬하는데 이러한 것은 무엇인가?

文人每好鄙薄[1]富人 然於詩文之佳者 又往往以金玉珠璣[2]錦繡譽之 則又何也

1) 鄙薄(비박) : 천대하고 박대하다.

2) 珠璣(주기) : 구슬. 바다에서 산출되는 진주.

59. 세상 사람들이 바쁜 것에 한가한 사람은

능히 세상 사람들이 바쁜 것에 한가한 자는
바야흐로 세상 사람들이 한가한 것에 바쁜 것이다.

▨ 이 세상 사람들이 바쁘게 여기는 것을 한가한 것으로 생각하는 자는 바야흐로 이 세상 사람들이 한가한 것으로 생각하는 것을 바쁘게 여기는 것이다.

能閒世人之所忙者 方能忙世人之所閒

60. 먼저 경서(經書)를 읽고

먼저 경서(經書)를 읽고 뒤에 사서(史書)를 읽으면
일을 논하는 데 성현(聖賢)이라도 틀리지 아니하고,
이미 사서(史書)를 읽고 다시 경서(經書)를 읽으면
글을 보는 것이 장(章)이나 구(句)가 되는 데 지나지 않는다.

▨ 독서의 정도(正道)는 먼저 경전(經典)을 읽고 그 다음 역사서를 읽어야 일을 논의하는 데도 성인이나 현인과 같이 틀리지 않게 되는 것이요, 먼저 역사서를 읽고 성현의 경전을 읽으면 글을 보는 것이 장구(章句)로 보는데 지나지 않는다.(별로 도움이 되지 않는다.)

先讀經¹⁾ 後讀史²⁾ 則論事不謬于聖賢
旣讀史 復讀經 則觀書不徒爲章句

1) 經(경) : 사서삼경(四書三經)을 말한다.
2) 史(사) : 역사서. 곧 『사기(史記)』 등의 역사서.

61. 분재의 경치로써 정원을 삼다

성안에 살면서 마땅한 것은
화폭으로써 산과 물로 삼고,
분재의 경치로써 정원을 삼고,
서적으로써 벗을 삼는다.

▨ 도시에 살면서 산수를 대하기 어려울 때는 집안의 화폭에 담겨 있는 그림으로써 산과 물로 삼고 분재의 경치로써 정원으로 삼고 서적으로써 친구로 삼는다.

居城市中 當以畵幅當山水 以盆景¹⁾當苑囿²⁾ 以書籍當朋友
1) 盆景(분경) : 분재. 그릇에 나무를 기르는 것.
2) 苑囿(원유) : 정원. 별당의 뜻.

62. 벗 가운데 으뜸인 사람은

고향에 살면서 모름지기 어진 벗을 얻는 것이 처음으로 아름다운 것이다. 농사꾼이나 나무꾼같은 사람은 겨우 능히 오곡(五穀)이나 구분하고 개이고 비가 오는 것이나 측량할 뿐이다. 오래도록 또 여러 차례 살기를 싫어한다는 것을 면치 못한다.

벗의 가운데 또 마땅히 시(詩)에 능한 사람을 제일로 삼고, 담론에 능한 사람을 다음으로 삼고, 서화에 능한 사람을 그 다음으로 삼고, 노래에 능한 사람을 그 다음으로 삼고, 술자리에서 술을 권하는 것을 잘 하는 사람이 그 다음이다.

▨ 자신의 고향에 살면서 좋은 친구를 얻는 것이 최고의 아름다움이다. 농사짓는 사람이나 나무하는 사람들은 겨우 쌀, 보리, 서숙, 콩, 피 등의 오곡이나 분별하고 맑을 것인가 비가 올 것인가를 측량할 따름이며 이들은 또 자주 이 세상 살기가 힘들다는 소리나 한다. 친구 가운데는 시를 잘 하는 친구가 제일이요, 이야기를 잘 하는 친구가 그 다음이요, 그림을 잘 그리는 친구가 그 다음이요, 노래를 잘 부르는 친구가 그 다음이요, 술자리의 술대접(술상무)을 능란하게 잘 하는 사람이 그 다음이다.

鄕居須得良朋始佳 若田夫樵子[1] 僅能辨五穀[2]而測晴雨[3] 久且數 未免生厭[4]矣
而友之中 又當以能詩爲第一 能談次之 能畫次之 能歌又次之 解觴政[5]者又次之

1) 田夫樵子(전부초자) : 전부는 농사짓는 사람. 초자는 나무꾼.
2) 五穀(오곡) : 벼 기장 피 보리 콩. 곧 도서직맥두(稻黍稷麥豆) 등.
3) 晴雨(청우) : 하늘이 맑을 것인가, 비가 올 것인가.
4) 生厭(생염) : 사는 것을 싫증내다.
5) 觴政(상정) : 잔치에서 손님을 접대하는 일을 맡다. 곧 지금의 술상무.

63. 학은 새 가운데 백이(伯夷)이고

옥란(玉蘭)은 꽃 중의 백이(伯夷)이고
해바라기는 꽃 중의 이윤(伊尹)이고
연꽃은 꽃 중의 유하혜(柳下惠)이다.
학은 새 가운데 백이이고
닭은 새 가운데 이윤이고
꾀꼬리는 새 가운데 유하혜이다.

▨ 백목련(白木蓮)은 꽃 중에서 청렴결백한 은(殷)나라의 백이와 같고, 해바라기는 꽃 중에서 탕(湯)임금을 도와 천하를 차지한 정승 이윤과 같고, 연꽃은 꽃 중에서 더러운 데 있어도 더럽혀지지 않는 주(周)나라시대의 유하혜와 같다. 또 흰 깃털의 학은 새 가운데 백이와 같은 새요, 닭은 새 가운데 이윤과 같고, 꾀꼬리는 새 가운데 유하혜와 같다 하겠다.

玉蘭[1]花中之伯夷[2]也 葵花中之伊尹[3]也 蓮花中之柳下惠[4]也
鶴鳥中之伯夷也 鷄鳥中之伊尹也 鶯鳥中之柳下惠也

1) 玉蘭(옥란) : 백목련(白木蓮)의 별칭.
2) 伯夷(백이) : 고죽군(孤竹君)의 아들로 청렴하고 깨끗한 사람. 앞에 나와 있다.
3) 伊尹(이윤) : 은(殷)나라 건국 초의 이름난 재상. 탕(湯)임금을 도와 하(夏)나라의 걸(桀)을 멸망시키고 천하를 평정시켰다. 탕임금이 존경하여 아형(阿衡)이라고 칭했다.

4) 柳下惠(유하혜) : 주(周)나라시대 노(魯)나라의 현자. 성은 전(展), 이름은 획(獲). 무도(無道)한 임금이거나 미관말직이라도 가리지 않고 벼슬하면서 스스로는 더럽히지 않고 자신의 능력을 발휘했다.

64. 죄가 없는데 헛되게 악명을 받은 것은

그 죄가 없는데도 헛되게 악명(惡名)을 받은 것은
두어(蠹魚 : 좀벌레)이고,
그 죄가 있는데도 항상 높고 깨끗한 말을 듣는 것은
지주(䵷䵹 : 거미)이다.

▨ 그러한 죄가 없는데도 나쁜 이름으로 불려지는 것은 '좀벌레'이고, 그러한 죄가 있는데도 항상 좋은 이름으로 불려지는 것은 '지주(거미)'이다.

無其罪而虛受惡名者 蠹魚[1]也
有其罪而恒逃淸議者 䵷䵹[2]也

1) 蠹魚(두어) : 좀벌레(발음과 어의가 나쁘다.).
2) 䵷䵹(지주) : 거미(지주의 발음이 지주가 있는 것처럼 보인다.).

65. 썩은 것이 변하여 신기(神奇)한 것이 되는 것

썩어 냄새나는 것이 변화하여
신기(神奇)한 것이 되는 것은

간장, 청국장, 인분 등이다.
신기한 것이 변화하여
썩어 냄새나는 것이 되는데 이르는 것은
일반의 물건이 다 그러하다.

▨ 사물의 썩은 것이 변화하여 신기한 것이 되는 것은 간장과 청국장과 사람의 똥물 등이다. 신기한 것이 변화하여 썩게 되는 것은 일반의 물건들이 다 그러할 따름이다.

臭腐[1]化爲神奇 醬也 腐乳[2]也 金汁[3]也
至神奇化爲臭腐 則是物皆然

1) 臭腐(취부) : 썩다. 썩어서 냄새가 나다.
2) 腐乳(부유) : 지금의 청국장.
3) 金汁(금즙) : 사람의 변. 곧 똥물을 받아서 태형으로 인해 멍들은 곳에 약으로 썼다.

66. 고약한 냄새는 향기를 덮는다

검은 것이나 흰 것은 사귀지만
검은 것은 능히 흰 것을 더럽히고
흰 것은 능히 검은 것을 감추지 못한다.
향기와 냄새는 섞이지만
냄새는 능히 향기를 이기고
향기는 능히 냄새와 겨루지 못한다.
이러한 것은

군자(君子)와 소인(小人)이 서로 싸우는 대세(大勢)이다.

▨ 검은색과 흰색은 서로 사귈 수 있는데 검은색은 흰색을 더럽힐 수 있으나 흰색은 검은색을 덮어 가릴 수 없다. 향기로운 것과 냄새가 고약한 것은 서로 섞일 수 있는데 고약한 냄새는 향기를 맡지 못하게 할 수 있지만 향기로운 것은 고약한 냄새에 대적할 수 없다. 이것은 도덕의 군자와 비루한 소인이 서로 싸우는 형세와 같은 현상이다.(도덕 군자가 이 세상에서 많이 가려져 있다는 말.)

黑與白交 黑能污白 白不能掩黑
香與臭混 臭能勝香 香不能敵臭
此君子小人相攻之大勢也

67. 치(恥)의 한 글자는

치(恥)의 한 글자는 군자(君子)를 다스리는 바요,
통(痛)의 한 글자는 소인(小人)을 다스리는 바이다.

▨ '부끄럽다'는 한 글자는 군자의 몸가짐을 바르게 하는 것이요, '아프게 벌을 주다'는 한 글자는 소인(小人)들을 정신차리게 하는 것이다.

恥之一字 所以治君子
痛之一字 所以治小人

68. 거울은 능히 스스로 비추지 못하고

거울은 능히 스스로 비추지 못하고
저울은 능히 스스로 저울질하지 못하고
칼은 능히 스스로 공격하지 못한다.

▨ 거울이란 물체가 다가와야만 그것을 비출 수 있는 것이요, 무게를 다는 저울은 사람이 무게를 달 물건을 가져다 올려야만 저울질하고, 칼이란 검객이 손에 쥐고 휘둘러야 적을 공격할 수가 있다.

鏡不能自照
衡不能自權
劍不能自擊

69. 시(詩)는 반드시 궁한 뒤에

고인(古人)이 이르기를 시(詩)는 반드시 궁한 뒤에 교묘해진다고 했다. 대개 궁하면 언어를 깊게 느끼어 탄식하는 것이 많은 것으로 성장한 것을 보는 것이 쉬워진다. 부하고 귀한 가운데의 사람같은 이는 이미 가난을 걱정하고 천한 것을 탄식해 보지 않아 이야기하는 것이 바람, 구름, 달, 이슬에 지나지 않을 따름이다. 어찌 아름다운 시를 얻을 것인가?
 진실로 변화하는 것을 생각하고 떠나 노는 한 가지 방법이

있는 것을 헤아린다. 보는 것은 산이나 내나 바람이나 흙이
나 산물(産物)이나 인정(人情)으로써 한다. 혹은 부스럼이나
전쟁의 화를 당하거나 혹은 가뭄이나 홍수나 재앙이나 요괴
의 장난 끝을 만나 한 가지라도 시 속에 넣지 않을 수 없는
것이다. 타인의 궁하고 수심어린 것을 빌려서 나의 시를 읊
는 데 도움이 된다면 시 또한 반드시 궁한 것을 기다리지 않
은 뒤라도 교묘해지는 것이다.

▨ 옛날의 어떤 사람이 말하기를 '시(詩)란 반드시 궁핍해 본 뒤
에야 교묘해진다.'고 했다. 대개 사람이 궁핍하면 언어를 깊게 느껴
탄식을 발하는 것이 많아서 발전해 가는 것을 보는 것이 쉽다. 부
자나 귀한 사람들은 가난을 근심하거나 신분이 천한 데서 오는 많
은 한스러움을 느끼지 못하였으므로 담론하는 것이란 바람, 구름,
달, 이슬에 지나지 않는 것이며 이러한 상태에서는 시(詩)가 어찌
아름답게 될 수 있겠는가? 진실로 변화될 것을 생각하고 헤아리면
고향을 떠나 구경하는 한 가지 방법이 있다. 곧 산천(山川)이나 풍
토(風土)나 산물(産物)이나 인정의 여러 형태를 보는 것이다. 그러
는 중에 혹은 병에 걸리고 혹은 전쟁의 뒷일들을 당해보고, 혹은
가뭄이나 홍수나 재앙이나 요괴의 장난 등의 일을 만나면 한 가지
라도 시 속에 넣지 못할 것이 없다. 이러한 것들이 타인의 궁핍하
고 수심 가득한 것을 빌려 나의 시를 짓는 데 이바지할 수 있으면,
시라는 것은 또한 꼭 궁핍한 것을 기다리지 않더라도 반드시 교묘
해질 수 있다고 생각한다.

古人云 詩必窮而後工[1] 蓋窮則語多感慨 易於見長[2]耳 若富貴
中人 既不可憂貧歎賤 所談者不過風雲月露而已 詩安得佳

苟思所變 計惟有出遊³⁾一法 卽以所見之山川風土 物產人情 或當瘡痍兵燹⁴⁾之餘 或値旱潦災祲⁵⁾之後 無一不可寓之詩中 借他人之窮愁 以供我之詠歎⁶⁾ 則詩亦不必待窮而後工也

1) 詩必窮而後工(시필궁이후공) : 이 시구는 구양수(歐陽修)가 '궁핍하여야 시를 짓는 마음을 닦을 수 있다'고 친구인 매요신(梅堯臣)에게 한 말.
2) 見長(견장) : 성장하는 것을 보다. 곧 진보적이다.
3) 出遊(출유) : 고향을 떠나 다른 곳에 가서 경치를 구경하다.
4) 瘡痍兵燹(창이병선) : 종기와 부스럼과 전쟁.
5) 旱潦災祲(한로재침) : 가뭄과 홍수와 재앙과 요괴의 장난. 침은 요괴의 장난으로 인한 재앙.
6) 詠歎(영탄) : 시를 읊는 것.

제 사(題辭)

『예기』의 악기(樂記)편에 이르기를 "화순(和順)한 것이 속에 쌓이면 아름다운 심정이 밖으로 피어난다."고 했다.

평범한 사람들의 언어는 다 아름다운 심정이 안에서 밖으로 피어나는 것이며 속에 쌓여 있는 것에서 근본하지 않은 것이 없다. 적당히 그 사람들과 함께 한 것을 본받는 것일 뿐이다.

그러므로 어진 자는 그 언어가 바르고, 밝은 자는 그 언어가 상쾌하며, 고상한 자는 그 언어가 시원시원하고, 달통한 자는 그 언어가 넓게 탁 트였으며, 기이한 자는 그 언어를 새로 만들고, 운치스러운 자는 그 언어에 정이 많다고 생각하게 된다.

장자(張子)가 말하기를 "학문과 식견이 넓은 벗을 대하면 진귀한 책을 읽는 것과 같고, 고상하고 바른 시가(詩歌)를 아는 벗을 대하면 이름난 사람의 시를 읽는 것과 같고, 삼가하고 경계할 줄 아는 벗을 대하면 성인(聖人)이나 현인(賢人)들의 경전을 읽는 것과 같고, 재치가 있고 말이 재담스러운 벗을 대하면 기이한 소설을 읽는 것과 같다."고 했는데 바로 이것을 뜻한 것이다.

저곳에는 옛날부터 후세에 전할 만한 말을 남긴 사람들이 있다. 그 사람들이 지금까지 전해져 내려오는 것은 어찌 쓸데없는 그 말만 전해졌겠는가. 그 사람까지도 전하는 것이다.

지금 문집 속에 있는 언어를 열거하면 상쾌한 것이 병주(幷州)에서 나는 칼로 끊는 것과 같은 것이 있으며 시원시원하기는 말릉땅의 애가(哀家)에 있었다고 하는 대단히 맛좋은 배의 맛과 같은 것이 있으며 아주 고아하기가 천상의 음악같은 것이 있고 넓기가 빈 골짜기에 울려 퍼지는 메아리와 같은 것이 있다.

새롭게 창안되는 것은 새 비단이 기계에서 나오는 것과 같고 정이 많은 것은 아지랑이가 아른거리는 상태나 간드러진 소리와 같다.

현인(賢人)이 되는 것도 좋고 철인(哲人)이 되는 것도 좋고 달인(達人)이나 기인(奇人)이 되는 것도 좋으며 고인(高人)이나 운인(韻人)이 되는 것도 또한 좋지 않은 것이 없다.

비교해 보면 신선이 산다는 영주(瀛州)의 나무는 낮에만 볼 수가 있는데 보면 잎새 하나가 백개의 그림자를 드리우고 있다.

장자(張子)는 한 사람인데 여러 가지의 기묘한 것을 겸하고 있으니 그 신선이 산다는 영주나무의 그림자와 거의 같은 것인가.

그렇다면 날마다 이 한 편을 손에 펴들고 장자(張子)와 함께 대면하여 그와 나의 회포를 다하지 아니할 것인가?

또 어찌 꿈 속에서 서로 찾아 헤매는데 이르러 길을 알지 못하고 중도에 돌아오기를 기다릴 것인가.〈왕탁(王晫)〉

記¹⁾曰 和順積于中 英華發于外 凡人之言 皆英華之發于外者也 而無不本乎中之所積 適與其人肖焉 是故 其人賢者 其言雅 其人哲者 其言快 其人高者 其言爽 其人達者 其言曠 其人奇者 其言創 其人韻者 其言多情而可思

張子²⁾所云 對淵博友 如讀異書 對風雅友 如讀名人詩文 對謹飭友 如讀聖賢經傳 對滑稽友 如閱傳奇小說 正此意也

彼在昔³⁾立言⁴⁾之人 至今傳者 豈徒傳其言哉 傳其人而已矣

今擧集中⁵⁾之言 有快若幷州之剪⁶⁾ 有爽若哀家之梨⁷⁾ 有雅若鈞天之奏⁸⁾ 有曠若空谷之音⁹⁾ 創者¹⁰⁾則如新錦出機 多情則如遊絲嫋樹¹¹⁾

以爲賢人可也 以爲哲人可也 以爲達人奇人可也 以爲高人韻人亦無不可也 譬之瀛州之木¹²⁾ 日中視之 一葉百影 張子以一人而兼衆妙 其殆瀛木之影歟

然則日手此一編 不啻與張子晤對¹³⁾ 罄彼我之懷 又奚俟夢中相尋以致迷 不知路 中道而返哉

〈王晫(丹麓)〉

1) 記(기):『예기(禮記)』의 악기(樂記)편을 말한다.
2) 張子(장자):『유몽영(幽夢影)』의 저자 장조(張潮).
3) 在昔(재석):옛날에. 옛부터.
4) 立言(입언):후세에 전할 말을 남긴다.
5) 集中(집중):책 속에서.
6) 幷州之剪(병주지전):병주는 산서성 태원(山西省 太原)의 별칭이다. 병주에서 나는 칼은 대변화를 일으키며 잘 드는 것으로 유명하다. 두보(杜甫)의「희제왕재화산수도가(戲題王宰畫山水圖歌)」의 『焉得幷州快剪刀 剪取吳松半江水』시에서 따온 말.
7) 哀家之梨(애가지리):애중(哀仲) 집안의 배. 말릉(秣陵:南京)땅 애중(哀仲)의 집에 있었다고 하는 대단히 맛이 좋은 큰 배를 뜻하며 전하여 진미(珍味)를 뜻한다.
8) 鈞天之奏(균천지주):아주 미묘한 천상(天上)의 음악. 곧 천국(天國)의 음악.
9) 空谷之音(공곡지음):텅 빈 골짜기에 울려 퍼지는 소리. 멀리까지 울려 퍼진다.

10) 創者(창자) : 새로운 것을 창안하다. 새로운 언어를 만들어내다.
11) 遊絲嬝樹(유사뇨수) : 유사는 아지랑이가 아른거리다의 뜻. 요수는 간드러지는 애교
12) 瀛州之木(영주지목) : 영주는 동해(東海) 가운데 있는 신선이 산다는 곳. 그곳에는 영목(影木)이란 나무가 있는데 낮에만 볼 수 있다고 한다.
13) 晤對(오대) : 서로 대면하다.

시간과 공간을 초월하여
영원한 고전으로 남아질 수 있는
과거속의 유산을 캐내어
메마른 우리들의 마음밭을
기름지게 가꾸어 줄 수 있는 —

자유문고의 책들

1. 정관정요
오 긍 지음/편집부 편역
● 252 쪽/값 4,000 원

〈 5쇄 〉

당나라 이후 중국의 역대왕실이 모든 제왕의 통치철학으로 삼아 오던 이 저서는 일본으로 건너가「도꾸가와 이에야스(德川家康)」가 일본 통일의 기틀을 마련하는데 큰 힘이 되었다. 또 민주사회의 지도자상과, 인간사회에 있어서 각종 단체·조직·회사 등에서 지도자를 연마하는 데 필요불가결한 지침서이다.

2. 식 경
조병채 편역
● 261 쪽/값 4,000 원

〈 5쇄 〉

어떤 음식을 어떻게 섭취하면 우리 몸에 좋은가? 어떻게 하면 심신을 최고의 상태로 유지하고 건강하게 무병장수 할 수 있는가…… 등등. 옛 중국인들의 계절과 효용에 맞춰 음식물을 조리하고 저장하는 방법과 예방의학적 관점에서 그 해답을 얻을 수 있다. 옛 '養生의 古典'으로 일컬어져 있다.

3. 십팔사략
증선지 지음/편집부 편역
● 242 쪽/값 4,000 원

〈 6쇄 〉

고대 중국의 3황 5제에서부터 송나라 말기까지 유구한 역사의 노정에서 격랑에 휘말린 인물과 사건을 시대별로 나눈 5천년 중국사를 한눈에 볼 수 있는 역사서. 이 속에서 역대의 군신과 명장, 영웅호걸들이 펼치는 흥미진진한 사건들을 엿볼 수 있으며 현대 사회에서 많이 쓰이는 고사성어가 나열되어 있다.

4. 소 학
한용순·조형남 편역
● 302 쪽/값 7,000 원

〈 4쇄 〉

자녀들의 인격 완성을 위하여 성인이 되기 전 한번쯤 읽어야 하는 고전. ① 아름다운 말 ② 착한 행동 ③ 교육의 기초 ④ 인간의 윤리 ⑤ 몸을 공경하는 일 ⑥ 옛일을 상고함 등, 인간이 지켜야 할 예절과 우리 선조들의 예의범절을 되돌아 볼 수 있으며 옛 학교에서는 무엇을 가르쳤는가도 자세히 알 수 있다.

5. 대 학
편 집 부 편역
● 120 쪽/값 3,000 원

〈 2쇄 〉

사회생활에 적응하는 개인은 단체나 기업, 직장 등에서 반드시 그 조직의 일원이거나 그 조직을 이끄는 지도자가 된다. 이 지도자가 되거나 조직의 일원이 될 때 행동과 처세, 자신의 수양, 상하의 관계 등에 도움은 물론, 훌륭한 지도자로 성장할 수 있도록 하는 조직관리의 길잡이이다.

6. 중 용
曹 康 煥 편역
● 144 쪽/값 4,000 원

〈 2쇄 〉

인간의 성(性)·도(道)·교(敎)의 구체적인 사항을 제시하였다. 도(道)와 중화(中和)는 항상 성(誠)을 가지고 살아가야 한다는 것과 귀신에 대한 문제 등이 심도있게 논의됐으며『중용』의 이 사상은 주역과의 연관 관계를 가지고 있으며, 동양유학의 진수를 담고 있는 이론서이다.

〈2쇄〉

7. 신음어

呂 坤 지음/유두영 편역
● 254쪽/값 4,000원

한 국가를 경영하는 요체로써 ①인간의 마음 ②인간의 도리 ③도를 논하는 방법 ④자신을 보존하는 길 ⑤학문을 연마하는 자세 ⑥국가공복의 의무 ⑦세상의 운세 그리고 성인과 현인 ⑧지조와 성품 ⑨국가를 경영하는 요체 ⑩인정과 널리 아는 것 등을 주제로 한 공직자의 필독서이다.

8. 논 어

金 相 培 편역
● 374쪽/값 7,000원

〈 4쇄 〉

공자와 제자들의 사랑방 대화록. 공자(孔子)의 '배우고 때때로 익히면 즐겁지 아니한가, 벗들이 먼 곳에서부터 찾아온다면 이 얼마나 즐거운 일인가.'로 시작되는 논어를 통해 공문 제자의 교육법을 알 수 있는 것. 오늘의 메마른 사회의 정신을 가다듬는 청량제라 할 수 있다.

9. 맹 자

全 壹 煥 편역
● 474쪽/값 6,000원

〈 3쇄 〉

난세를 다스리는 정치철학. 백성이란 생활을 유지할 생업이 있어야 변함없는 마음을 가질 수 있고, 생업이 없으면 변함없는 마음을 가질 수 없다. 진실로 변함없는 마음이 없으면 마음이 흔들려 방탕·편벽·사악·사치 등으로 흐른다. 그런 연후에 그들을 처벌한다면 그것은 백성을 그물질하는 것과 같다.

10. 시 경

黃松文·李相鎭 편역
● 510쪽/값 10,000원

〈 2쇄 〉

공자는 시(詩) 3백편을 한마디로 대변한다면 '사무사(思無邪)' 라고 했다. 옛 성인들은 시경을 인간의 마음을 정화시키는 중요한 교육서로 삼았다. 이것은 시가 인간에게 정서함양과 인격수양의 기초가 되기 때문이다. 이 305편의 시에 관련된 동물·식물 문물제도의 사진이 420장이나 수록되어 있다.

11. 서 경

李相鎭·姜明官 편역
● 444쪽/값 6,000원

〈 2쇄 〉

요순(堯舜)시대부터 서주(西周)시대까지의 정사(政事)에 관한 모든 문서(文書)를 공자(孔子)가 수집하여 편찬한 책이다. 기사문(記事文)도 약간 있으나 대부분이 제왕(帝王)의 선유(宣諭)·명령사(命令辭)이다. 유학의 정치에 치중한 경전의 하나로 산문의 시조라 할 수 있는 매우 중요한 저서이다.

12. 주 역

梁 鶴 馨 해역
● 493쪽/값 10,000원

〈 2쇄 〉

주역은 신성한 경전도 신비한 기서(奇書)도 아니다. 보는 자의 관점에 따라 판단을 내리도록 하는 것이 역의 기본이치이다. 주역은 하나의 암시이다. 이 암시는 사람에 따라 자유로운 연상을 할 수 있는 것으로 자신이 지니고 있는 문제를 생각하고 해결해 나가야 하는 것이 주역이 주는 암시인 것이다.

13. 노자도덕경

노 재 욱 편저
● 256쪽/값 5,000원

〈 3쇄 〉

난세를 쉽게 사는 생존철학으로 인생은 속절없고 천지는 유구하다. 천지가 유구한 것은 무위 자연의 도를 수행하고 있기 때문이다. 다투는 것은 도를 어기는 것이며 모든 악의 근원이다. 물에서 우리는 평화의 상징을 엿볼 수 있다. 제일 귀중한 것은 무엇인가. 그것은 자기의 생명이다 라고 했다.

14. 장 자

노재욱 편저
● 256쪽/값 5,000원

〈 2쇄 〉
바람따라 구름따라 정처없이 노닐며 온 천하의 그 무엇에도 속박되는 것 없이 절대 자유로운 삶을 영위하는 소요유에서부터 제물론, 양생주, 인간세, 덕충부, 대종사, 응제왕편 등 장주(莊周)의 자유무애한 삶의 이야기이다. 장자 특유의 무한한 우주관(宇宙觀)과 인생관을 엿볼 수 있다.

15. 묵 자

朴文鉉 편역
● 360쪽/값 10,000원

묵자(墨子)는 '사랑'을 주장한 철학자이며 실천가이다. 묵자의 이론은 단순하지만 그 이론을 지탱하는 무게는 끝없이 크다. 그러므로 전국시대 사람들의 마음을 사로잡아 거의 유가(儒家)의 세력을 압도하고 있었다. 공자의 '인(仁)' 사상은 광대하지만 묵자의 '사랑'은 구체적이고 적극적인 것이다.

16. 효 경

朴明用·黃松文 편저
● 240쪽/값 4,000원

〈 2쇄 〉
효도의 개념을 정립한 것. 공자의 제자인 증자(曾子)는 그의 아버지에게 효도하는 것이 뛰어났다. 그는 죽음을 맞이하는 그 순간까지 효도의 마음가짐을 지녔다. 이러한 증자의 뛰어난 점을 간파한 공자가 증자에게 효도에 관한 언행을 전하여 기록하게 한 효의 이론서로 가정의 평화를 이룩할 수 있다.

17. 한비자 (상·하)

노재욱·조강환 편역
● 상·532쪽/값 10,000원
● 하·512쪽/값 9,000원

〈 2쇄 〉
약육강식이 횡행하던 춘추전국시대에 순자의 성악설(性惡說)을 사상적 배경으로 받아들여 법의 절대주의를 역설하였다. '대도(大道)는 인이 아니라 법이다.'라는 그의 언행속에는 이상주의적인 국가관을 배척하고 인간 본성을 정치실현의 도구적인 것으로 간파하고 법 위주의 냉엄한 철학으로 이루어졌다.

18. 근사록

정영호 해역
● 420쪽/값 8,000원

〈 3쇄 〉
내 삶의 지팡이. 송(宋)나라의 논어(論語)라 일컬어진 『근사록』은 송나라 성리학(性理學)을 집대성한 유학의 진수이다. "가까운 것을 가지고 미루어 생각하는 것이 근사(近思)"라는 뜻을 담아, 높은 차원의 철학적 사상과 학문이 쉽고 짧은 문장으로 다루어져 누구나 손쉽게 접할 수 있다.

19. 포박자

갈 홍 지음/장영창 편역
● 274쪽/값 6,000원

〈 4쇄 〉
불로장생(不老長生), 이것은 우리 모든 인간의 소망이며 기원의 대상이다. 신선이란 무엇인가? 인간은 죽음을 초월할 수 있는가? 불로불사(不老不死)의 약은 있는가? 당신도 신령과 영을 통할 수 있는가? 개인은 숙명적인 운명을 타고 나는가? 등등. 인간들이 궁금해 하는 사연들이 조명되고 있다.

20. 여씨춘추 (12紀·8覽·6論)

鄭英昊 해역
● 12紀·370쪽/값 7,000원
● 8覽·464쪽/값 9,000원
● 6論·240쪽/값 4,000원

〈 2쇄 〉
진시황의 생부인 여불위(呂不韋)가 문객과 함께 심혈을 기울여 이룩한 저서로 사론서(史論書)이다. 유가(儒家)·도가(道家)·묵가(墨家)·병가(兵家)·명가(名家) 등의 설을 취합하고 있다. 『12기, 8람, 6론』으로 나뉘어 3천여 학자가 참여한 선진(先秦)시대의 학설과 사상을 총망라하여 다룬 백과전서.

21. 고승전

혜 교저/유월탄 편역
● 260쪽/값 4,000원

〈 2쇄 〉

중국대륙에 불교가 들어 오면서 불가(佛家)의 오묘 불가사의한 행적들과 중국으로 전파되는 전도과정(傳道課程)에서의 수난(受難)과 고통, 수도과정에서 보여주는 범상치 않은 고승들의 행적과 범문·범패의 번역, 포교(布敎)의 실체를 실제 인간들이 겪은 사실과 함께 기록한 기록문이다.

22. 한문입문

박 동 호 편역
● 244쪽/값 5,000원

〈 3쇄 〉

조선시대의 유치원 교육서라고 하는 천자문, 이천자문, 사자소학, 계몽편, 동몽선습이 수록됨. 또 현대사회에서 필요로 하는 예절, 곧 관례(冠禮)·혼례(婚禮)·상례(喪禮)·제례(祭禮) 등과 가족의 호칭법 등이 나열되고 간단한 제상차리는 법, 가족간의 호칭 및 촌수관계 등이 요약되었다.

23. 열녀전

劉 向 저/박양숙 편역
● 416쪽/값 7,000원

역사에 큰 발자취를 남긴 89명의 여인들을 다룬 여성의 전기이다. 제1권 모범적인 여인들 제2권 어질고 밝은 여인들 제3권 자애롭고 지혜로운 여인들 제4권 정순하고 신의있는 여인들 제5권 의로운 여인들 제6권 사리에 통달한 여인들 제7권 나라를 망친 여인들 등 총 7권으로 구성되었으며 옛여성들이 지킨 도덕관을 한 눈에 볼 수 있는 교양서.

24. 육도삼략

조 강 환 해역
● 290쪽/값 7,000원

병법학의 최고봉인 무경칠서(武經七書) 가운데 두 가지의 책으로 3군을 지휘하고 국가를 방위하는데 필요한 저서이다. 또 천시(天時) 지리(地利) 인화(人和)를 중시하여 천변만화의 무궁무진한 전술을 구사할 수 있는 갖가지 방법들이 구비되어 있다. 『육도삼략』은 『육도』와 『삼략』의 두 권인 저서를 하나로 합한 것이며 무과(武科)에 응시하려면 필수적으로 봐야했던 이론서이다.

25. 주역참동계

최 형 주 해역
● 262쪽/값 6,000원

『주역참동계(周易參同契)』란 주나라의 역(易)이 노자의 도(道)와 연단술(練丹術)과 서로 섞여 통하며 『주역』의 도는 음과 양을 벗어나지 못하고 연단도 음과 양을 벗어나지 못하며 노자의 대도는 음과 양이 합치하는 가운데서 이룩되는 결과라는 뜻으로 역을 계절에 맞춰 음양오행(陰陽五行)에 귀결시킨 납갑(納甲)을 말한다.

26. 한서예문지

이 세 열 해역
● 322쪽/값 7,000원

반고(班固)가 찬한 『한서(漢書)』 제30권에 들어 있는 동양고전의 서지학(書誌學)의 대사전이다. 고전이 이곳 저곳으로 흘러 들어가면서 조금씩 다르듯이 한(漢)나라 이전의 모든 고전이 수십종류였으며 그 종류의 다른 것을 일목요연하게 볼 수 있는 서지학의 원조이다.

27. 대대례

朴 良 淑 해역
● 340쪽/값 8,000원

『대대례』의 정식 명칭은 『대대예기』이며 한(漢)나라 대덕(戴德)이 편찬한 저서로 공자(孔子)와 그의 제자들이 예에 관한 기록 131편을 수집하여 집대성한 것이다. 이것을 다시 대성(戴聖)이 46편으로 줄여 만들었는데 그것이 오늘에 전하는 『대대례』이다.

28. 열 자

柳 坪 秀 해역
● 300 쪽/값 7,000원

『열자』의 학문은 황제(黃帝)와 노자(老子)에 근본을 삼았고 열자 자신을 호칭하여 도가(道家)의 중시조라고 했다. 장자보다 앞선 학자이며 당나라시대에는 『충허진경(沖虛眞經)』이라 일컫고 송(宋)나라시대에는 『지덕충허진경(至德沖虛眞經)』이라 일컬을 정도로 많은 독자가 있었다. 『열자』는 내용이 재미가 있고 어렵지 않은 것이 특징이다.

29. 법 언

崔 亨 柱 해역
● 306 쪽/값 7,000원

전한(前漢)시대 사마상여(司馬相如)의 영향을 받아 대문장가가 된 양웅(楊雄)의 문집이다. 양웅은 오로지 저술에 의해 이름을 남기고자 힘썼으며 전한의 혼란기에 격동하는 시국의 거친 파도가 자신에게 미치는 것을 피하고자한 인물로 때로는 아부의 문장까지 쓰며 자신의 따분한 심사를 술로 달래가며 저술에 전념하였다.

30. 산해경

崔 亨 柱 해역
● 408 쪽/값 10,000원

『산해경(山海經)』은 문학·사학·신화학·지리학·민속학·인류학·종교학·생물학·광물학·자원학 등 제반 분야를 총망라한 동양 최고의 기서(奇書)이며 박물지(博物志)로서 내용과 관련된 이상하고 기괴한 짐승과 괴이한 인간들의 모습을 담은 150컷의 도록도 수록되어 있다.

31. 고사성어(세상이 보인다 돋보기 엿보기)

송 기 섭 지음
● 304 쪽/값 6,500원

일상생활에서 많이 쓰이는 중심되는 125개의 고사성어가 생기게 된 유래를 밝히고 유사 언어와 반대되는 말, 속어, 준말, 자해(字解) 등을 자세하게 실어 이해를 도왔다. 또 우리가 알고는 있으나 뜻을 자세하게 모르고 있는 1,000여 개 고사성어의 풀이를 해 놓았다.

32. 명심보감

송 기 섭 외3인
● 273 쪽/값 6,000원

인간으로서 갖춰야 할 기본 소양에 대한 것을 자세하게 알 수 있게 하는 명심보감과 학문을 이루기 위해 어떻게 공부해 나가야 하는 가에 대한 중요한 지침을 가르쳐 주는 격몽요결, 그리고 학교는 어떻게 운영되어야 하고 학생들은 어떠한 태도로 학교에서 행동해야 하는지에 대한 모범안을 보여주는 율곡 이이(李珥) 선생의 학교모범으로 이루어졌다.

33. 이향견문록

이 상 진 해역
● 상·350 쪽/값 8,000원
● 하·350 쪽/값 8,000원

일반적으로 많이 알려지지 않은 숨은 이야기 모음이다. 효자, 효녀, 효부, 열녀, 충신 등 모든 사람이 알고 있을 만큼 유명하지는 않지만 알음알음 소문으로 알려져 있는 많은 이야기들이 출전과 함께 실려있다. 그중에는 평범한 이야기도 있고, 기이한 이야기도 있고, 유명한 사람의 이야기를 능가하는 이야기도 있다.

34. 성학십도와 동국십팔선정

이 상 진 外 2인
● 242 쪽/값 6,000원

성학십도는 어린 선조(宣祖)가 성군(聖君)이 되기를 바라는 마음에서 퇴계 이황이 마지막 충절을 다해 집필한 것이다.
동국십팔선정은 우리나라 사람으로서 성균관의 문묘(文廟)에 배향(配享)된 대유학자 18명의 발자취를 나열한 것이다.

35. 시자

신 용 철 해역
● 232 쪽/값 6,000원

진(秦)나라 재상 상앙(商3)의 스승이었다는 시교(尸2)의 저서로 인의(仁義)를 바탕에 깔고 유가(儒家)의 덕치(德治)를 바탕으로 '정명(正名)과 명분(名分)'을 내세워 형벌을 주창하였다. 또한 노장사상(老莊思想)의 무위론(無爲論)과 명가(名家)의 이

36. 유몽영

張 潮 지음
신 용 철 해역
● 234 쪽/값 6,000원

장조(張潮)가 쓴 중국 청대(淸代)의 수필 소품문학의 백미(白眉)로, 도학자(道學者)다운 자세와 차원높은 은유, 선(禪)적인 관조의 태도로 사물을 직시하여 인간의 진솔한 삶의 방법과 존재가치를 탐구해, 때로는 시어로 때로는 격언이나 잠언 등으로 표현하여 짤막하지만 그 속에 담겨 있는 사상이나 감정은 무한한 의미를 담고 있다.

37. 이아

근 간

아주 오래전의 한문 대사전이다. 한문 글자 하나하나의 유래와 뜻과 음을 보여주고 그 글자가 어느 구절에 어떻게 어떠한 뜻으로 쓰였는지에 대해 자세하게 예를 들어가며 적고 있다. 우리가 많이 쓰고 있는 한문 글자 중에서 그 글자가 그렇게 쓰일 것이라고 전혀 예상하지 못하던 글자의 뜻과 음, 그 글자가 쓰이는 구절을 새롭게 알게 된다.

문장론(그 이론과 실제)

황 송문 지음
● 374 쪽/값 6,000원

어떻게 하면 좋은 글을 쓸 수 있을까? 적합한 언어를 찾아내어 적당한 자리에 조립시킬 수 있을 것인가? 언어의 조립 능력을 길러 표현의 자유를 누릴 수 있을 것인가? 하는 해답을 위해 시·소설·수필·논문 등 모든 문학 장르를 망라 감상적 기능과 분석, 비평적 기능 및 창작적 기능을 발휘케 했다.

신문·방송 기자가 되는 길

안 병찬 지음
● 304 쪽/값 5,000원

기자가 되려는 사람들의 필수 교양서이며 수신서이다. 기자가 되려면 상식적으로 알아두어야 할 조건들을 3부로 구성하여 제1부 특종을 쫓는 기자, 제2부 사회의 일원인 기자, 제3부 기자가 되는 길 등으로 나누어 기자의 하는 일을 상세하게 기술했다. 또 입사시험, 사법·행정고시 지망생들에게 필요한 모범 논술문 답안도 제시하였다.

어떻게 살 것인가
삶의 지혜를 주는 책

한완상외 21인 지음
● 240 쪽/값 4,000원

어떻게 살 것인가? 하는 삶의 물음표에는 현재에 사는 40억 인구 모두가 나름으로 가지고 있는 다양한 삶의 형식이 있다. 여기에 우리 사회의 저명인사 한완상·김동길·김중배·김병걸·홍사중·이호철·이병주·진인숙·김종원 선생 등 22인이 함께 뽑아내는 참다운 삶에 대한 지혜의 교양서!

철학 산책
삶의 지혜를 주는 책

모티머 애들러 지음/
김 한 경 옮김
● 264 쪽/값 4,000원

우리가 삶을 살아가면서 부닥치는, 또 스스로 지성적 결론에 도달해야 할 주제들을 문답형식으로 풀이. 철학·정치·사회·문화·종교 등 각 분야를 총망라하여 분명한 해답을 보여준다. 그 해답들은 모든 사상가들이 사색하고 통찰한 지혜에서 추출하여 담았다.

동양학시리즈 [36]
유몽영(幽夢影)

■동양학 편집고문
　柳坪秀, 柳斗永, 崔榮典, 朴良淑, 盧在昱, 崔亨柱
■동양학 편집위원
　具思會, 金相培, 金鍾元, 朴文鉉, 宋基燮, 李德一,
　李相鎭, 李世烈, 任軒永, 全壹煥, 鄭通奎, 曺康煥,
　趙應泰, 黃松文(가나다 順)

| 대　　표 : 양태조 |
| 교　　열 : 이준영, 황송문 |
| 편　　집 : 안혜정 |
| 교　　정 : 강화진, 홍윤정 |
| 표지장정 : 이성식 |
| 전산조판 : 태광문화사 |
| 인　　쇄 : 성동문화사 |
| 제　　본 : 기성제책사 |
| 유　　통 : (주)문화유통북스 |

판권본사소유

단기　4330(서기 1997)년　8월　15일　1쇄 인쇄
단기　4330(서기 1997)년　8월　20일　1쇄 발행

지은이 ― 張潮(중국)
옮긴이 ― 朴良淑
펴낸이 ― 李俊寧

펴낸곳 ― 자유문고
121－080
서울 마포구 대흥동 12-2호(3층)
전화·718-8982·713-9751(FAX)
등록·제2-93호(1979. 12. 31)

ISBN 89-7030-037-6
03150

정가 6,000원　※잘못 만들어진 책은 구입하신 서점에서 바꿔드립니다.